Lothar-Rüdiger Lütge

AF285779

Das Diesseits, das Jenseits und die Kraft der Liebe

———————————————————

Was Sie über das Leben
und das Sterben wissen müssen.

Ein Kompass-Buch. Wissen kompakt.

Das Buch

• Dieses Buch handelt vom Leben und vom Sterben und von der Liebe! Es beschreibt den Weg des Menschen vom Diesseits zum Jenseits und weiter bis zu geistigen Gefilden.

• Dieses Buch kündet vom Sinn des Lebens! Es berichtet vom Auftrag, der mit dem Menschsein verbunden ist und weist uns einen Weg, auf dem wir unserer Bestimmung gerecht werden.

• Dieses Buch zeigt endgültige Werte auf, die nicht der menschlichen Willkür unterliegen! So finden wir die zentrale Kraft die unsere Welt im Innersten zusammen hält: die Liebe.

• Dieses Buch ist provokant! Es wendet sich gegen den modernen Materialismus! Der Mensch ist keine biologische Maschine! Unser Bewusstsein ist kein Zufallsprodukt! Und selbstverständlich überlebt der Mensch den physischen Tod!

• Dieses Buch vermittelt Hoffnung und es macht Mut, uns auf den Weg zu einem sinnerfüllten Leben zu begeben!

Der Autor

• Lothar-Rüdiger Lütge befasst sich seit gut drei Jahrzehnten mit Wahrheits- und Weisheitslehren. Er veröffentlichte Bücher im Bereich Yoga, indianische Lehren und Spiritualität.

Lothar-Rüdiger Lütge

Das Diesseits, das Jenseits und die Kraft der Liebe

_____

Was Sie über das Leben
und das Sterben wissen müssen.

Ein Kompass-Buch. Wissen kompakt.

Herstellung und Verlag
BoD – Books on Demand, Norderstedt

ISBN 978-3-8423-5857-7

Bibliographische Information
der Deutschen Bibliothek:

Die deutsche Bibliothek verzeichnet diese Publikation in
der Deutschen Nationalbibliographie; detaillierte bibliographische Daten sind im Internet abrufbar über:
http://dnb.ddb.de

Der Tauben weißeste flog auf:
Ich darf Dich lieben!

(Paul Celan)

Das moderne Weltbild hat dadurch, dass es nur noch die sichtbare Materie als Realität gelten lässt, das Universum und den Menschen auf eine materielle Entität reduziert.

Dies ist kein Höhepunkt, sondern ein Tiefpunkt der menschlichen Entwicklung:

• **Noch nie haben die Menschen so wenig über das Universum gewusst.**
• **Noch nie haben sie so wenig über sich selbst gewusst.**
• **Noch nie haben sie so wenig über Gott und die Götter gewusst.**
• **Noch nie haben sie deshalb die Existenz der Menschheit und des Planeten so sehr bedroht wie heute!**

(Armin Risi)

Inhalt

Einführung

Dieses Buch ist ein Orpheus-Projekt! Es handelt vom Leben und vom Sterben und von der Liebe! Es beschreibt den Weg des Menschen vom Diesseits zum Jenseits und weiter bis zu geistigen Gefilden. Ähnlich wie der griechische Held, der seine Geliebte in der Unterwelt sucht, führt uns das Buch aus der alltäglichen, materiellen Wirklichkeit in die parallelen Welten seelischer und geistiger Realität.

Dieses Buch kündet vom Sinn des Lebens! Es berichtet von dem Auftrag, der mit unserem Menschsein verbunden ist und zeigt uns den Weg, auf dem wir unserer Bestimmung gerecht werden können.

Dieses Buch zeigt Werte auf, die nicht der menschlichen Willkür unterliegen! Es führt uns zu Bereichen des Seins, die sich der Deutungshoheit des Menschen entziehen. Dort, in der geistigen Sphäre, finden wir die zentrale Kraft die unsere Welt im Innersten zusammen hält: die Liebe.

Dieses Buch ist wahr! Es behandelt weder fixe Ideen noch intellektuelle Konzepte oder farbenfrohe Märchen. Alles, was Sie in diesem Buch lesen können, entspricht dem archaischen Wissen, das die Menschheit bereits vor vielen Jahrtausenden erworben hat und das sich immer wieder aufs Neue bestätigt! Diese urgeschichtliche Weisheit ist der modernen Forschung in Wissenschaft und Technik weit voraus.

Dieses Buch ist provokant, denn es zeigt uns ein Weltbild, das dem heute vorherrschenden Materialismus total widerspricht. Der Mensch ist keine biologische Maschine! Unser Bewusstsein ist kein Zufallsprodukt und es wird auch nicht von den biochemischen Prozessen unseres Gehirns erzeugt! Und selbstverständlich überlebt der Mensch seinen körperlichen Tod!

Dieses Buch vermittelt Hoffnung und Trost und es macht Mut, uns auf den Weg zum wahren Menschsein zu begeben. Wie einst Orpheus, können auch wir uns von der Kraft unserer Liebe leiten lassen. Dann finden wir nicht nur unsere Geliebte / unseren Geliebten, sondern auch einen neuen Weg für ein wahrhaft sinnerfülltes Leben.

Dieses Buch gibt Antworten auf zentrale Fragen unseres Lebens. Es behandelt all die angesprochenen Themen jedoch nicht erschöpfend! Das Buch vermittelt einen Überblick und es motiviert zum weiteren, individuellen Studium und zum persönlichen Experiment.

Eine ausführliche Literaturliste finden wir am Schluss des Buchs beigefügt.

Bestimmte Voraussetzungen sind für dieses Buch nicht erforderlich. Es müssen weder Sachkenntnisse noch philosophisches Wissen mitgebracht werden. Wichtig ist jedoch eine ruhige, interessierte Offenheit für die behandelten Themen. Und ein gewisses Maß an Geduld und Konzentration bei der Lektüre. Erforderlich ist auch Toleranz. Wir müssen die zum Teil ungewohnten Inhalte zulassen, um uns auf neue Gedanken einlassen zu können.

Zum Geleit

• *Bester Mann, schämst du dich nicht, zwar für Geld zu sorgen, und wie du davon am meisten erlangst, und auch für Ruhm und Ehre; aber für Einsicht und Wahrheit und für deine Seele, dass sie sich stets in bestem Zustand befindet, dafür sorgst du nicht und hieran willst du nicht denken?* (Platon/Sokrates)

• *Das Besondere an der Wahrheit ist, dass sie so unglaublich klingt. Keiner muss sie schützen oder verstecken. Sie schützt sich selbst, da niemand sie für möglich hält.* (M. Hagemann)

• *Wir leben heute in einer Zeit, in der man kaum mehr etwas sagen kann, das ernst gemeint ist. Weil schon die Tatsache, dass man etwas ernst meinst, eigentlich ein Lacher ist. Jemand der etwas ernst meint, ist dadurch schon komisch. Dem hört man gar nicht zu. Man hat gar keine Bereitschaft mehr über irgendetwas zu staunen!* (W. Vossenkuhl)

Mit den einleitenden Zitaten ist das mehrfache Problem dieses kleinen Buchs vollständig beschrieben: erstens interessiert sich kaum jemand in unserer materialistisch orientierten Gesellschaft für die hier besprochenen, existentiellen Fragen: zweitens klingt das, was inhaltlich dazu zu sagen ist, für den heute le-

benden Menschen so fremd und ungeheuer-
lich, dass es eigentlich von niemandem akzeptiert werden kann und drittens gibt man sich
der Lächerlichkeit preis, wenn das, was man
sagt, tatsächlich ernst gemeint ist und ernst
genommen werden soll.

Wenn das Buch trotzdem geschrieben und
veröffentlicht wurde, so nur deshalb, um damit
wider Erwarten, hier und da, vielleicht doch
den einen oder anderen Menschen zu erreichen, der sich durch die niedergelegten Gedanken inspiriert fühlt und sich dann vielleicht
auf eigene Faust auf die Suche nach der
Wahrheit macht.

Mit der Wahrheit ist es ja so eine Sache. Wirklich wahr ist für uns nur das, was wir selbst
erlebt und erfahren haben. Und in diesem Sin-
ne ist all das, was in diesem Buch geschrieben
steht, für mich, den Autor, ohne Einschrän-
kungen wahr! Ich habe alles, was ich hier nie-
derschreibe in einem langen Prozess des in-
tensiven Suchens Stück für Stück herausge-
funden: Durch das umfangreiche Studium alter
und neuer Schriften, durch ausführliche Gespräche, durch den Kontakt zu „weisen Menschen", die diesen Namen noch verdienen,
und durch eigene Übungen die zu persönlichen Erfahrungen führten.

Was ich schreibe ist für mich also wahr! Mit dem Diesseits und dem Jenseits verhält es sich genau so, wie es hier beschrieben steht! Weil ich aber weiß, dass Sie, liebe Leserin, lieber Leser, mir das ohnehin kaum glauben werden, habe ich auf nähere Erläuterungen der angeführten Sachverhalte verzichtet und auch gar nicht erst versucht, tiefere Begründungen oder gar Beweise für die Richtigkeit meiner Aussagen anzuführen.

Ich gebe Ihnen die Informationen also pur, ohne schmückendes Beiwerk und ohne umständliche Quellenangaben, ohne weitschweifige Herleitungen und ohne jeden Versuch der inhaltlichen Rechfertigung. Der Vorteil für Sie ist: Sie erhalten alle wesentlichen Fakten zum Leben und Sterben zeitgemäß komprimiert, auf einen Blick. Ideal für eilige Leser!

Wenn Sie trotzdem daran interessiert sein sollten, die von mir erhaltenen Informationen zu verifizieren, also die Wahrheit, die hinter meinen Ausführungen steht, für sich selbst herauszufinden, dann steht Ihnen dieser Weg natürlich offen. Eine umfangreiche Liste geeigneter Literatur finden Sie am Ende dieses Buchs. Ergänzen müssen Sie die Lektüre in der Praxis dann durch den Kontakt zu anderen, ebenfalls nach Sinn und Wahrheit suchenden Menschen, deren weiterführende Anregungen förderlich sein werden, sowie durch die eigene Praxis geeigneter Erkenntniswege. Aber lassen Sie sich nicht abschrecken, gehen Sie einfach erst einmal los. Wenn Ihr Interesse anhält, öffnet sich der weitere Weg für Sie dann ganz von selbst, mit jedem neuen Schritt.

Lohn sich die Mühe? Ja! Denn wenn Sie lange und intensiv genug am Ball bleiben und sich auch von „schwierigem Gelände" und von zeitweiligen Rückschlägen nicht dauerhaft abschrecken lassen, dann werden Sie letztlich selbst herausfinden, dass der Mensch unsterblich ist! Und diese persönliche Erkenntnis wird Ihnen darüber hinaus ein ganz neues Verständnis vom Diesseits und vom Jenseits eröffnen, dessen gewaltige, ehrfurchtgebietende Dimensionen weit jenseits unserer alltäglichen Vorstellungen liegen.

Und wenn Sie kein Interesse an einer Vertiefung des Themas haben? Oder wenn Ihnen meine Aussagen einfach nur falsch oder gar absurd erscheinen? Auch dann ist alles in Ordnung! Mit so einem Ergebnis muss ich vor dem Hintergrund des aktuellen Zeitgeists natürlich rechnen!

Die hier vorhandenen Informationen können Ihnen aber trotzdem von großem Nutzen sein, auch wenn sie diese heute ablehnen. Zu ge-

gebener Zeit und unter gegebenen Umstän-
den werden Sie sich möglicher Weise an das
erinnern, was Sie hier gelesen haben und das
kann dann für Sie persönlich vielleicht der ent-
scheidende Impuls für den Beginn Ihrer eigenen Suche sein.

Zum Geleit (1. Nachtrag)

• *Es gibt kein richtiges Leben im falschen.*
(T. W. Adorno)

Obwohl sich das vorstehende Zitat eigentlich auf gesellschaftliche Aspekte des letzten Jahrhunderts bezieht, fiel mir diese Aussage während meiner inhaltlichen Arbeit an diesem Buch immer wieder ein. Im übertragenen Sinn beschreibt der Satz recht gut mein grundlegendes Dilemma:

Durch unsere heutige, rein materialistisch ausgerichtete Sicht der Wirklichkeit wurde ein so fundamental falsches Welt- und Menschenbild geschaffen, dass man eigentlich gar nicht weiß, wo und wie man bei dessen Korrektur ansetzen soll. Es gibt so gut wie keine aktuell bestehende Annahme über die Welt und die Wirklichkeit, die man als korrekte Ausgangsbasis für die erforderliche Diskussion akzeptieren kann.

Mit Hilfe des Materialismus sowie der auf ihm aufbauenden Evolutionstheorie und dem daraus entwickelten allgemeinen Fortschrittsglauben werden die tatsächlichen Gegebenheiten geradezu auf den Kopf gestellt!

Solange unser GEIST mit dem Intellekt verwechselt wird und wir das Denken und Fühlen des Menschen als Resultat von biochemischen Prozessen in unseren Gehirnen betrachten, gibt es eigentliche keine Ansatzpunkte für ein wirkliches Verständnis meiner Ausführungen in diesem Buch.

Schade, aber daran werde ich nichts ändern können.

Zum Geleit (2. Nachtrag)

• *Das Universum, das wir beobachten, hat genau die Eigenschaften, mit denen man rechnet, wenn dahinter kein Plan, keine Absicht, kein Gut oder Böse steht, nichts außer blinder, erbarmungsloser Gleichgültigkeit.*
(Prof. Richard Dawkins)

In einer Fernsehdiskussion mit dem Thema „Ist Gott nur eine Wahnvorstellung?" (ZDF, 04.11.2007) stellt der Moderator dem vielfach prämierten und öffentlich geehrten Publizisten, Journalisten und Buchautor, Henryk M. Broder, die Frage:

„Herr Broder, was müsste geschehen, um Sie wieder gläubig zu machen?"

Und die Antwort des Literaturpreisträgers lautet:

„Es müsste draußen ein weißer Rolls Royce auf mich warten mit Dolly Parton am Steuer. Wenn das Wunder geschieht, dann werde ich wahrscheinlich mit Harpe Kerkeling auf die nächste Pilgerfahrt gehen."

Dieser kurze Dialog spiegelt exemplarisch das abgrundtiefe Niveau der öffentlichen Diskussionen über geistige Fragen in unserer Gesellschaft wieder. Solange die Erörterungen auf eine so unfassbar törichte und einfältige Art und Weise geführt werden – und das geschieht leider in aller Regel so! – solange hat das erhabene, archaische Wissen der Menschheit kaum eine Chance!

Ich werde trotzdem darüber berichten!

Ein Orpheus-Projekt

Jedes Buch braucht einen konkreten Anlass, einen guten Grund, damit man sich der Mühe des Sammelns, Ordnens und Niederschreibens der eigenen Gedanken unterzieht. Ausschlaggebend für dieses Buch war ein persönliches Erlebnis am späten Nachmittag eines hellen, frühlingshaften Tages im April von wenigen Jahren, als mir plötzlich klar wurde, dass ich so gut wie nichts über das Sterben und das Jenseits weiß!

An diesem Tag hat ein sehr von mir geliebter Mensch unsere gemeinsame Welt verlassen. Wir haben drei Jahrzehnte miteinander verbracht und natürlich habe ich ihn auch während seiner letzten Tage und Stunden hier auf Erden begleitet. Nun sitze ich an seinem Bett, neben dem gerade zurückgelassenen Körper und werde zerrissen von einem abgrundtiefen Schmerz. Mein erster Impuls ist es, direkt in die jenseitige Welt zu folgen. Doch sofort kommt mir der Gedanke: *Du weißt nichts über das Jenseits! Du wirst sie dort nicht finden!*

Meine innere Verwirrung überraschte mich, denn eigentlich sollte ich auf das Geschehen vorbereitet sein. Seit meinem frühen Erwachsenenalter befasse ich mich intensiv mit existentiellen Themen des Lebens. Bereits seit

Anfang zwanzig beschäftigten mich diese Fragen: Wer bin ich? Woher komme ich? Wohin gehe ich? Was ist der Sinn und das Ziel des Lebens? Das sind Themen, die sich – nicht nur, aber insbesondere auch – auf das Jenseits beziehen. Die Beschäftigung mit dem Tod ist also eigentlich nicht neu für mich. Und doch merke ich an diesem besonderen Nachmittag, dass all mein angehäuftes Wissen in dieser Situation der tiefen und direkten persönlichen Betroffenheit, viel zu wenig klare Antworten liefert. Und auch meine persönlichen Erfahrungen aus langjähriger Yoga- und Meditationspraxis helfen mir im Angesicht des realen Todes dieses so innig geliebten Menschen kaum weiter.

Seit diesem Geschehen ist ein wenig Zeit vergangen. Meine damals so überraschend in Erscheinung getretene Hilflosigkeit ist mir stets gegenwärtig geblieben. Ich habe die Zeit daher genutzt, all die Informationen, die ich in den letzten drei Jahrzehnten zum Thema Sterben und Jenseits zusammengetragen habe, systematisch durchzusehen und diese, wo immer nötig, zu ergänzen. Ich erlebe dies als ein persönliches „Orpheus-Projekt".

Ähnlich wie der bekannte Held der griechischen Antike wollte ich ins Jenseits gehen. Im Gegensatz zu Orpheus kann ich dies hier und heute jedoch nicht leibhaftig tun. Ich bin vorerst auf eine Reise in Gedanken angewiesen. Und nun ist es an der Zeit, ein Resümee zu ziehen, eine Art Zwischenbilanz, um zu betrachten, welche konkreten Erkenntnisse vom Diesseits und vom Jenseits bisher gewonnen werden konnten. Berücksichtigt werden sollen dabei nur die Resultate, die als gesichertes Wissen angesehen werden können.

Und als gesichertes Wissen soll nur das gelten, was auch von jedem anderen, der sich mit offenem Interesse den Ausgangsfragen zuwendet, bei intensiver Nachforschung als allgemein gültiges Resultat ebenfalls gefunden und akzeptiert werden kann. Allgemeingültig deswegen, weil auf ideologische Überzeugungen und religiöse Glaubenssätze ganz bewusst verzichtet werden soll. Es wird also nur das berücksichtigt, was nach vielen Jahren theoretischer und praktischer Beschäftigung mit philosophischen Konzepten, religiösen Lehren und wissenschaftlichen Erkenntnissen, als systemübergreifendes Resümee Bestand haben kann.

Auf diese Weise ergibt sich ein überraschendes Bild vom Diesseits und vom Jenseits, ein Bild, wie Sie es bisher sicher nicht gesehen haben. Und um es für Sie als Leser etwas übersichtlicher zu gestalten, habe ich das Bild ein wenig gegliedert. Ich gebe Ihnen damit die Möglichkeit, aus unterschiedlichen Blickwinkeln auf die sich abzeichnende, überraschende Wirklichkeit zu blicken. Wir nähern uns dem angestrebten Verständnis also aus verschiedenen Perspektiven, mit dem Ziel, dass sich zum Schluss ein vollständiges Abbild der wahren Gegebenheiten ergeben möge.

Damit dies gut gelingen kann, bitte ich Sie, liebe Leserin, lieber Leser, meinen Darstellungen zunächst einmal zu folgen, ohne die Inhalte, insgesamt oder im Einzelnen, sogleich zurückzuweisen. Die Entscheidung darüber, wie Sie meine Ausführungen letztlich bewerten und ob Sie sich vielleicht sogar selbst auf die Suche nach der Wahrheit machen, sollte erst ganz zum Schluss getroffen werden, nachdem sich das gesamte Bild für Sie entwickelt hat.

●●●

Perspektive Nr. 1

Drei Welten

Es gibt drei unterschiedliche Welten oder Daseinsebenen, die miteinander in Beziehung stehen.

• Die materielle Welt.
• Die astrale Welt.
• Die geistige Welt.

Bei der materiellen Welt handelt es sich um das uns bekannte Universum aus Materie, Raum und Zeit, so wie wir es alltäglich erleben.

Die astrale Welt ist eine halb-materielle, feinstoffliche Daseinsebene. Um es anschaulich zu machen, können wir uns dieses Universum auch gasförmig, als eine Art Nebel oder Plasma, vorstellen. Die Faktoren Raum und Zeit unterliegen in dieser Welt keinen starren Regeln, sie sind frei gestaltbar.

Bei der geistigen Welt handelt es sich um einen Daseinsbereich aus sehr feiner Energie in Form von hell strahlendem Licht. Dort gibt es weder Materie noch Raum oder Zeit. In der geistigen Welt herrscht Ewigkeit, ständige Gegenwart allen Seins.

Tatsächliche Existenzebenen

Wichtig ist, dass diese drei Welten nicht als ein fiktives Modell oder als abstrakte Ideen verstanden werden, denn es handelt sich um tatsächliche, konkret vorhandene Existenzebenen!

Weil wir mit unserem normalen Bewusstsein weitgehend an die materielle Welt gebunden sind, ist uns nur dieser Daseinsbereich in unserem alltäglichen Leben vertraut. Es ist daher ganz besonders wichtig, darauf hinzuweisen, dass es sich bei der astralen Welt und der geistigen Welt nicht etwa um bildhafte Umschreibungen irgendwelcher Ideen oder Spekulationen handelt. Nein, diese Welten sind tatsächlich vorhandene Daseinsbereiche!

Die astrale Welt und die geistige Welt sind also auch nicht so etwas wie psychologische Gegebenheiten. Und es handelt sich auch nicht um „innerseelische Räume" oder „persönliche geistige Gefilde", oder ähnliche Abstraktionen.

Tatsächlich sprechen wir bei der astralen Welt und bei der geistigen Welt vielmehr von konkret vorhandenen Existenzbereichen. Es sind tatsächliche Welten, die parallel zu unserem materiellen Universum existieren.

Unterschiedliche Gegebenheiten

Ähnlich wie in der uns bekannten materiellen Welt gibt es auch auf der astralen und auf der geistigen Daseinsebene ein vielfältiges und vielgestaltiges Leben.

Die konkreten Verhältnisse innerhalb der drei Existenzebenen unterscheiden sich jedoch sehr deutlich voneinander.

Die Bedingungen des Lebens auf der materiellen Daseinsebene sind uns allen gut vertraut. Hier haben wir es mit festen Objekten zu tun, der Raum hat drei konstante Dimensionen (Länge/Breite/Höhe) und die Zeit vergeht im gleichförmigen Fluss, den wir im Allgemeinen nicht anhalten können.

Ganz anders verhält es sich in der astralen Welt. Diese besteht aus einem feinstofflichen Fluidum, dem Äther oder dem Plasma. Anders als die uns bekannte Materie, besitzt das Plasma keine starre Struktur, es ist vielmehr, ähnlich einem Gas oder einem Nebel, beliebig formbar. Auch Raum und Zeit sind dort keine festen, konstanten Größen, denn auch sie können nach Belieben verändert werden. Raum und Zeit sind also dehn- und formbar, so wie es gewünscht wird.

Für die geistige Welt lassen sich keine konkreten Gegebenheiten des Daseins formulieren, da es solche Bedingungen dort nicht gibt. Die geistige Welt ist ursächliches, bedingungsloses Sein. Dort fallen die Faktoren Energie, Raum und Zeit in einem einzigen Punkt zusammen. Das heißt: Alles was war, was ist und was sein wird, ist dort allgegenwärtig, im immerwährenden Hier und Jetzt anwesend! So etwas können wir uns mit unserem alltäglichen Denken nicht vorstellen. Religiöse Menschen sprechen hier von Gott oder vom Himmelreich.

Ursache und Entwicklung

Da wir mit unserem alltäglichen Bewusstsein üblicher Weise auf der materiellen Ebene fixiert sind, betrachten wir die drei Bereiche der Wirklichkeit naturgemäß aus dieser Perspektive. Wir blicken also von der materiellen Basis aus auf die astrale und die geistige Welt. Tatsächlich gestaltet sich die Wirklichkeit in Wahrheit jedoch genau umgekehrt.

Die Ursachen allen Seins liegen im rein geistigen Bereich. Dort existieren die geistigen Impulse, die grundlegenden IDEEN, die für alles, was ist und geschieht, verantwortlich sind. Ähnlich wie Samenkörner gelangen diese Ideen dann ins Plasma der astralen Welt und von dort aus auf die uns vertraute materielle Ebene.

Wir haben es also mit einem Vorgang der schrittweisen Verwirklichung und Verfestigung von Ideen zu tun. Die Idee, als rein geistiger Impuls, nimmt auf der astralen Daseinebene, im Plasma, eine feinstoffliche Form an und diese dient dann auf der materiellen Ebene als Matrix oder als Muster für deren stoffliche Gestaltung und Verwirklichung.

Es handelt sich dabei um einen Prozess der Involution, bei dem sich der geistige Ursprung des Seins zuerst feinstofflich, im Astralbereich, und danach stofflich, in der materiellen Welt, ausdrückt.

Das heißt umgekehrt: Allen materiellen Dingen und Geschehnissen liegen astrale, feinstoffliche Muster zugrunde, die ihrerseits aus rein geistigen Ideen hervorgegangen sind. Dies gilt für alles in der Welt, für die natürliche und die gestaltete Umgebung, also für unsere gesamte Umwelt. Und auch all den vom Menschen geschaffenen Objekten und Strukturen liegen astrale Formen zugrunde, die ihrerseits auf rein geistigen Ideen beruhen.

Und natürlich gilt dieses Gesetz der dreistufigen Verwirklichung auch für uns Menschen selbst. Genauso, wie für alles andere in der Welt, gibt es auch für unseren materiellen Körper auf der astralen Ebene ein feinstoffliches Modell und eine noch dahinterstehende, ursächliche Idee in der geistigen Welt.

● ● ●

Perspektive Nr. 2

Körper, Seele, Geist

Der Mensch ist genau so aufgebaut wie die äußere Welt.

- Der Mensch besitzt einen materiellen Körper.
- Der Mensch verfügt außerdem über einen feinstofflichen, astralen Körper.
- In seinem Kern besteht der Mensch aus reinem Geist.

Der materielle Körper des Menschen, also unser Körper aus Fleisch und Blut, ermöglicht es uns, uns in der materiellen Welt zu bewegen und hier zu agieren. So können wir das Leben leben, das wir aus unserem Alltag kennen.

Unser astraler Körper besteht, wie die astrale Welt insgesamt, aus einem Plasma. Diese feinstoffliche Substanz ist halb-materiell und formbar, ähnlich wie ein Gas oder ein Nebel. Unsere astrale Körpersubstanz ist Träger unserer Gedanken und Gefühle. Ja, wir können sogar sagen, unser astraler Körper besteht im Wesentlichen aus unseren Gedanken und Gefühlen, er setzt sich aus diesen mentalen und emotionalen Energien zusammen. Nach herkömmlichem Sprachgebrauch handelt es sich bei unserem astralen Körper um unsere Seele. Unser eigentliches Sein jedoch liegt in unserem geistigen Kern. Hierbei handelt es sich um unser ursächliches Bewusstsein, um das jedem Menschen zutiefst eigene Wissen: ICH BIN. Ich existiere. Mich gibt es. Dies ist die zentrale, grundlegende IDEE, die unser individuelles Sein ausmacht: ICH BIN. Diese Idee ist ewig und unsterblich. Unser eigentliches Sein existiert jenseits unserer Gedanken und Gefühle. Es ist unser geistiges Selbst, der individuelle Bewusstseinsfunke, der wir tatsächlich sind.

Der Mensch ist Geist.

Im Gegensatz zum materialistischen Denken der heutigen Zeit besteht der Mensch nicht nur aus einem materiellen Körper und den von seinem Gehirn erzeugten Gedanken und Gefühlen. Im Gegenteil, der materielle Körper des Menschen ist in Wahrheit nur die dritte und gröbste Stufe seiner Existenz. Der feste Körper ist die stoffliche Ausformung des eigentlichen, seelischen und geistigen Seins.

Das wahre Sein des Menschen, das was er eigentlich ist, ist reiner Geist! Der Mensch ist Geist! Aber Achtung: Unter dem Begriff „Geist" wird nicht so etwas wie Gedankentätigkeit oder Intellekt verstanden. Mit Geist ist vielmehr das reine ICH BIN-Bewusstsein gemeint. Das Gewahrsein: ICH BIN ist das grundlegende Phänomen des persönlichen Wissens vom individuellen Sein! Also das grundlegende und stetige Gewahrsein der eigenen Existenz. Dies ist unser eigentlicher, unzerstörbarer und unwandelbarer Kern. Es ist ein konkreter Zustand absoluter Selbst-Gewissheit, jenseits des Denkens und Fühlens. Also ohne intellektuelle und emotionale Inhalte. Nur: ICH BIN! Im Abendland haben wir das Wissen um diese real existierende geistige Dimension bereits vor langer Zeit vergessen und parallel dazu haben wir auch den bewussten Zugang zu dieser Daseinsebene verloren.

Die geistige Welt ist die Ebene des reinen Bewusstseins und wenn wir religiöse Menschen sind, ist es für uns das Reich Gottes. Es ist eine konkrete, energetische Daseinsebene. Dort existieren wir als die rein geistigen Wesen, die wir in unserem eigentlichen Kern immer waren, immer sind und ewig sein werden.

Ebenso, wie wir in der abendländischen Kultur heutzutage die Existenz Gottes infrage stellen, ist uns auch das geistige Sein des Menschen, unser eigentlicher wahrer Kern und unser wirkliches Wesen, weitgehend unbekannt. Ja, wir wissen im Allgemeinen nicht einmal, dass es diesen geistigen Kern im Menschen tatsächlich gibt und dass es genau dieser Kern ist, der unser eigentliches wahres Wesen ausmacht.

Gerade das wahre Selbst des Menschen, sein geistiger Kern, ist jedoch sein Anteil an der Göttlichkeit. Der individuelle Mensch wird vom universellen, allumfassenden Geist – nach religiösem Verständnis also von Gott – aus sich selbst heraus geschaffen. Der Mensch wird von Gott aus seinem alles umfassenden Wesen als ein einzelnes Individuum herausgestellt. Der geistige Mensch ist somit ein individualisierter Aspekt Gottes. Er ist ein Abbild Gottes. Als Teil des göttlichen Seins ist der Mensch jedoch begrenzt – im Gegensatz zur alles umfassenden Göttlichkeit.

Der Mensch hat eine Seele.

Mit seinem geistigen Sein, also mit dem göttlichen Kern oder dem eigentlichen, wahren und ewigen Selbst, befindet sich der Mensch jenseits aller Gedanken und Gefühle. Er lebt auf der Ebene des reinen Bewusstseins: ICH BIN.

Sobald diese göttliche Einheit verlassen wird, entsteht sofort das Gefühl des Getrenntseins von Gott und damit zugleich auch das Begehren nach einer Rückkehr in das bisher vorhandene, göttliche Sein. Mit dem Heraustreten aus der göttlichen Einheit treten also zugleich auch erste Gedanken und Gefühle auf: Nämlich der Gedanke der Trennung und der Wunsch der Rückkehr in die Einheit. Bei unseren Gedanken und Gefühlen handelt es sich somit um Erscheinungen, die sich in dem Moment einstellen, wenn wir als individualisierte geistige Wesen den Bereich der göttlichen Einheit verlassen.

Gedanken und Gefühle haben eine gröbere Struktur als reiner Geist. Und im Gegensatz zum reinen Geist, haben Gedanken und Gefühle auch Substanz! Es handelt sich um verdichteten Geist. Der Geist verfestigt sich zu Gedanken und Gefühlen und schafft so eine energetische, halbmaterielle oder feinstoffliche Dimension der Wirklichkeit. Dabei handelt es sich um die Seelen- oder Astralebene.

Auf der Astralebene befindet sich nicht nur unsere eigene Seele mit all unseren Gedanken und Gefühlen, dort sind auch die Seelen aller übrigen Geschöpfe anwesend. Die astrale Welt ist ein grenzenloses, feinstoffliches Universum voller Leben. In allen vergangenen Kulturen weltweit und im europäischen Raum bis hin zur Antike, gab es ein umfangreiches Wissen über diese feinstoffliche Dimension, in der wir uns mit unserem Astral- oder Seelenkörper in ähnlicher Weise bewegen, wie wir es mit unserem materiellen Körper in der Alltagswelt tun.

Der Mensch hat einen Körper.

Dem materialistischen Zeitgeist entsprechend, wird der Mensch heutzutage nur durch seinen materiellen Körper definiert. Die Existenz der geistigen Ebene, also das Vorhandensein des eigentlichen wahren Kerns des Menschen wird komplett bestritten und die seelischen Aspekte, die sich im Denken und Fühlen äußern, werden als Resultat der biochemischen und bioelektrischen Gehirnfunktionen interpretiert. Der Mensch wird als biologische Maschine betrachtet.

In dieser drastisch reduzierten Selbsteinschätzung des Menschen spiegelt sich auch der große Wahrheitsverlust und die daraus resultierende, eingeschränkte Sicht der Wirklichkeit. Die Wirklichkeitsebenen der seelischen Welt und der geistigen Welt sind vollständig abhanden gekommen. Zu keinem Zeitpunkt der Menschheitsgeschichte gab es jemals eine Kultur, die ein so geringes Wissen vom wahren Aufbau des Menschen und der Welt besessen und verbreitet hat.

Im Gegensatz zur aktuellen Anschauung ist der Körper des Menschen lediglich das dritte und letzte Glied in der Kette seiner individuellen Verwirklichung.

Der Mensch ist vom Ursprung her ein rein geistiges Wesen, das den Raum der geistigen Existenz verlassen und sich in die Seelenebene begeben hat. Dort im halbmateriellen, ätherischen Raum wurden von ihm Gedanken und Gefühle entwickelt und erst danach, als dritte und letzte Stufe, wurden im Prozess fortschreitender Verdichtung und Verfestigung, körperliche, d.h. materielle Strukturen geschaffen.

Somit stellt der Körper des Menschen das Abbild seines seelischen Seins und des noch darüber liegenden geistigen Wesens dar. Der Körper ist demnach das Endprodukt eines kontinuierlichen Verdichtungsprozesses, ausgehend vom reinen Geist, über das Zwischenstadium der Seelen- oder Astralebene, bis zur materiellen, körperlichen Welt.

●　●　●

Perspektive Nr. 3

Der Mensch überlebt seinen körperlichen Tod.

Wir existieren auch nach unserem physischen Tod mit all unseren Gedanken und Gefühlen weiter.

Das Weiterleben nach dem Tod ist nicht verwunderlich, denn bei unserem stofflichen Körper handelt es sich nicht um unser eigentliches, ursächliches Sein. Der materielle Körper ist nur das verfestigte Abbild unseres Astralleibs. Der Tod unseres materiellen Körpers hat somit keine Auswirkungen auf unsere eigentliche Existenz. Auf der Seelenebene existieren wir mit all unseren Gedanken und Gefühlen in unserem Astral- oder Seelenkörper weiter. Nur der Zugang zur materiellen Welt ist uns ohne festen Körper natürlich versagt.

Die astrale Welt ist eine tatsächliche Existenzebene auf der der Mensch konkret lebt und agiert. Er begegnet dort anderen, bereits verstorbenen Menschen und auch anderen Lebensformen, die in der westlichen Welt herkömmlicher Weise als Engel, Elfen, Feen, Devas und Dämonen bezeichnet werden.

Ein besonderes Merkmal der astralen Welt ist ihre leichte Formbarkeit. Sehr viel stärker und direkter als auf der materiellen Ebene hängt alles, was wir in der astralen Welt erleben, von unseren persönlichen Stimmungen und Überzeugungen ab. Die astrale Welt formt sich für uns nach unseren Wünschen und Bedürfnissen. Unser persönliches Erleben entspricht dort ganz direkt und ungefiltert unseren seelischen Inhalten. Unser dortiges Sein spiegelt also voll und ganz unser Denken und Fühlen wider. Alles, was wir denken und fühlen, verwirklicht sich für uns in der Seelenwelt unmittelbar und ohne zeitlichen Verzug. In der astralen Welt wird jeder Mensch also ganz direkt mit all seinen eigenen Gedanken und Gefühlen konfrontiert. Dies kann der „Himmel" oder die „Hölle" für ihn sein.

Das Leben nach dem Tod ist keine Frage des Glaubens!

Lassen Sie sich vom materialistischen Zeitgeist nicht für dumm verkaufen. Es gibt ein Leben nach dem Tod! Und das ist keine Frage des Glaubens – das ist sicheres Wissen!

Wir sind bei der Beschreibung des jenseitigen Lebens nicht nur auf die vielfältig vorhandenen, archaischen und historischen Quellen angewiesen. Allein in den letzten zwei Jahrzehnten haben weltweit viele tausend wiederbelebte Personen ausführlich über ihre Sterbeerfahrungen berichtet. Die Veröffentlichungen darüber füllen Bibliotheken. Alle Berichte weisen gleiche oder sehr ähnliche Merkmale auf. In allen Fällen befindet sich das persönliche Bewusstsein in einem rein energetischen Zustand außerhalb des toten, materiellen Körpers.

Das Bewusstsein besteht dabei kontinuierlich fort. Der Verstorbene kann sich mit seinem energetischen Leib, dem Seelenkörper, frei bewegen. Er sieht und hört was mit seinem toten physischen Körper geschieht, z. B. wenn Ärzte sich um seine Wiederbelebung bemühen oder wenn Angehörige seinen Tod betrauern.

Der Verstorbene kann ohne Verzögerung weit entfernte Personen oder Schauplätze aufsuchen, wenn er sich auf diese Personen oder Orte konzentriert. Er ist an Raum und Zeit, also an die Bedingungen der materiellen Welt, die er verlassen hat, nicht länger gebunden.

Sehr oft begegnet er bereits verstorbenen Verwandten und geliebten Menschen oder es kommt zu Kontakten mit hell strahlenden Lichtwesen. Stets wird dabei beschrieben, dass die Wesenheiten der jenseitigen Welt vollkommenes, tiefes Verständnis und allumfassende, bedingungslose Liebe ausstrahlen.

Daneben ist bei den Erfahrungen des Jenseits sehr oft von einem „Tunnel-Erlebnis" die Rede. Der Verstorbene gleitet dabei durch einen engen Tunnel, eine Röhre oder ein ähnliches Gebilde auf ein hell strahlendes Licht zu. Dies geschieht zumeist mit dem Gefühl einer freudigen Erwartung, ohne jede Furcht oder Beunruhigung. Das Gleiten wird als eine schnelle Bewegung empfunden, oft verbunden mit einem fühlbaren Druck oder Sog.

In diesem Zusammenhang kommt es häufig auch zu einer „Lebensrückschau". Dabei sieht der Verstorbene sein gesamtes Leben wie einen Film im Schnelldurchgang vor sich ablaufen. Er erkennt bei der Lebensrückschau all sein Denken und Fühlen in den jeweiligen Situationen und erlebt außerdem, welche Gefühle er mit seinem Handeln bei anderen Menschen ausgelöst hat. Durch die komprimierte Zusammenschau aller Ereignisse erhellt sich für ihn augenblicklich der wahre Sinn und Zweck des Geschehens und seines gesamten Lebens.

In vielen Fällen erfolgt dann ein kurzzeitiger Eintritt in die Sphäre des reinen Lichts und auch dort kommt es häufig zur Begegnung mit hell strahlenden Lichtwesen.

Letztlich erkennt der Verstorbene, dass er in die materielle Welt zurückkehren muss, weil seine Zeit dort noch nicht abgelaufen ist. Vielfach werden ihm klare Inhalte und Aufgaben vor Augen gestellt, die von ihm auf der materiellen Eben noch zu erledigen sind. Er erlebt sodann seine Rückkehr in den physischen Körper. Dieser Vorgang ist meist mit einem starken Sog oder ähnlichen, wenig angenehmen Empfindungen verbunden. Schließlich vollzieht sich der Wiedereintritt in den Körper und in das herkömmliche, alltägliche Bewusstsein.

Berichte dieser Art sind weltweit in kaum noch überschaubarer Fülle protokolliert worden, sie füllen zwischenzeitlich ganze Bibliotheken. Bei den immer wieder zu hörenden Aussagen: „Wir wissen ja nichts über das Leben nach dem Tod." oder, „Es ist von dort noch niemand wiedergekommen." handelt es sich also nur um dumme Phrasen von ignoranten Personen, die sich in der Regel niemals auch nur ansatzweise mit diesem Thema befasst haben.

Wider den materialistischen Zeitgeist

Weil nicht sein kann, was nicht sein darf, werden all die Jenseitsberichte der gestorbenen und zurückgekehrten Personen in der wissenschaftlichen Welt bis heute fast vollständig ignoriert. In den seltenen, öffentlichen Darstellungen und Diskussionen werden diese Erlebnisse stets als Halluzinationen bezeichnet, als Phantasieprodukte absterbender Gehirne, hervorgerufen durch profane Geschehnisse wie etwa Saustoffmangel oder fehlende Durchblutung.

Diese Haltung mag erstaunlich erscheinen, sie ist aber vollkommen verständlich. Denn die materialistische Wissenschaft kann wegen ihres grundlegenden Dogmas gar nicht anders argumentieren. Sie hat die Materie zu ihrem alleinigen „Gott" erklärt!

Nach wissenschaftlicher Anschauung ist allein die Materie die Grundlage des Seins. Alles was ist, ist Materie! Nach Auffassung der materialistischen Wissenschaft wird im physischen Gehirn des Menschen unser Bewusstsein produziert. So sollen also chemische und elektrische Prozesse im Gehirn für all die Phänomene verantwortlich sein, mit denen wir uns identifizieren: unser Denken, unser Fühlen und letztlich unser Bewusstsein.
Nach dieser Auffassung ist der Mensch eine biologische Maschine, ohne Seele und ohne Geist. Wenn er stirbt, erlöschen seine Gehirnfunktionen und damit endet seine Existenz! Er ist tot! Endgültig und ein für alle Mal! Welch schrecklicher und folgenschwerer Irrtum!

Es bleibt abzuwarten, wie lange die materialistische Wissenschaft diese absurde Bewertung noch aufrechterhalten wird. Angesichts des täglich wachsenden Umfangs der Jenseitserfahrungen und angesichts der inhaltlichen Komplexität der dokumentierten Berichte gerät die Wissenschaft hier zunehmend in Erklärungsnot. Aber es gibt vielfältige und sehr einflussreiche Interessengruppen, denen am Dogma des materialistischen Welt- und Menschenbilds, aus unterschiedlichen Gründen, sehr gelegen ist!

Ein wirkliches Verständnis für das, was die betroffenen Personen schildern, wird der Wissenschaft erst möglich sein, wenn sie den geistig-seelischen Ursprung der Materie anerkennt. Denn natürlich berichten die zurückgekehrten und wiederbelebten Personen von ihren Erlebnissen beim Übergang in den Astralbereich.

Mit dem vorübergehenden Verlassen des materiellen Körpers – also mit dem zeitweisen physischen Tod – finden sich diese Menschen in ihrem Seelenkörper im halbstofflichen Bereich des Plasmas wieder. Dort begegnen sie verstorbenen Personen und anderen Seelenwesen. Sie können sich dort, im Übergang zum Astralbereich, frei bewegen. Oft gelangen sie auch kurz bis zur Schwelle der geistigen

Welt, der Dimension des Lichts und des reinen Bewusstseins.

All diese Zusammenhänge waren in früheren Kulturen, weltweit und auch bei uns im Abendland, sehr gut bekannt! Es hat in dem für uns überschaubaren Zeitraum der gesamten Menschheitsgeschichte, sicher noch keine einzige Epoche gegeben, in der ein so enges und falsches Welt- und Menschenbild, wie wir es heute haben, vorgeherrscht hat.

• • •

Perspektive Nr. 4

Der Mensch überlebt seinen seelischen Tod.

Auch in der astralen Welt stirbt der Mensch nach Ablauf der ihm zugemessenen Zeit und auch diesen Tod überlebt er.

Auch wenn es wegen des materialistischen Zeitgeists sicher etwas schwierig für uns ist, ist es trotzdem wichtig zu verstehen, dass es sich bei der astralen Welt, also bei der Seelenebene des Seins, um einen konkreten Existenzbereich handelt. Die astrale Welt ist ein feinstoffliches Universum, in dem vielfältiges Leben existiert. Nicht nur verstorbene Menschen sondern die Seelen aller Lebewesen sind dort anwesend. Darüber hinaus ist die astrale Welt auch das Universum vieler Lebensformen, die im Gegensatz zu uns Menschen, zu keiner Zeit einen festen Körper annehmen. Bei diesen Wesen, die von uns als Engel, Elfen, Feen, Devas und Dämonen bezeichnet werden, handelt es sich um Lebensformen anderer, paralleler Entwicklungslinien. Diese Wesen verfestigen sich nicht in der materiellen Welt, sie nehmen keine materiellen Formen an. Sie inkarnieren nicht in materielle Körper.

Bei der seelischen Daseinsebene handelt es sich also um einen feinstofflichen Kosmos, der parallel zu unserem materiellen Universum existiert und aus dem unsere materielle Welt in Form einer strukturellen Verdichtung hervorgeht.

Die Seelenwelt ist plastisch und gestaltbar.

Beim Eintritt des Verstorbenen in die Seelenwelt erlebt er seine Rückkehr zu seiner feinstofflichen Daseinsform. Der materielle Körper, mit dem der Mensch an die Bedingungen der materiellen Welt gebunden war, wird zurückgelassen. Dies wird in allen Nahtodberichten als eine große Befreiung beschrieben. Als Seelenwesen sind wir nicht mehr den einschränkenden Gesetzen von Raum und Zeit unterworfen. Die feinstoffliche Struktur unserer Seele muss keinen Körper mehr bewegen, sie ist nur noch Träger unseres unverändert fortbestehenden Denkens und Fühlens. Und natürlich Träger unseres geistigen Kerns, des individuellen Bewusstseins: ICH BIN.

Im Gegensatz zu den uns bekannten, körperlich festen und beständigen Strukturen auf der materiellen Daseinsebene, ist die feinstoffliche Plasmasubstanz der seelischen Welt beliebig form- und gestaltbar. Sie reagiert direkt auf unser Denken und Fühlen und spiegelt dieses für uns aktiv wider. Wir leben in der seelischen Welt also in einem sehr stark individuell geprägten Daseinsraum, der die Inhalte unser persönlichen Gedanken und Gefühle reflektiert.

Himmel und Hölle erschaffen wir uns selbst.

Hier wird leicht erkennbar, dass die jenseitige, astrale Welt, „Himmel" oder „Hölle" für uns sein kann, je nach dem, welche konkreten Inhalte und Strukturen unsere Gedanken und Gefühle aufweisen. Abhängig von unserem individuellen Charakter formt sich im Jenseits ein jeder von uns, direkt und ungefiltert, sein Paradies oder seine abgründigen Gefilde.

Auch die Kontakte zu anderen Wesen unterliegen in der astralen Welt in besonderer Weise dem Gesetz der wechselseitigen Entsprechung. Es sind nur die Wesen und Personen für uns erreichbar, die unseren eigenen mentalen und emotionalen Energien entsprechen. Auf diese Weise entstehen im Seelenraum ganz automatisch sehr unterschiedliche Ebenen, Bereiche und Gemeinschaften. Es gilt das sogenannte Resonanzgesetz: Gleiches verbindet sich mit Gleichem.

Mit dieser besonders starken, individuellen Färbung und persönlichen Prägung nimmt unsere Seele das Jenseits wahr. Und wir leben, handeln und gestalten dort so lange, bis wir die in unserem Erdenleben angesammelte gedankliche und emotionale Energie vollständig verbraucht haben. In der seelischen Welt agieren wir die aus unserem Erdenleben mitgebrachten Impulse aus, bis sich diese endgültig erschöpfen. Unser Leben im Jenseits ist also eine Art Nachklang unseres diesseitigen Lebens. Es ist ein Ausleben oder Ausschwingen der beim physischen Tod vorhandenen seelischen Impulse.

Dieser einfache Sachverhalt ist die Grundlage für all die religiösen Vorstellungen von jenseitigen „Belohnungen" oder „Bestrafungen", die wir für unser irdisches Denken und Handeln erhalten. Durch die Ausbildung unserer charakterlichen Eigenschaften im Diesseits legen wir die präzise Grundlage für unser Leben und Erleben im Jenseits!

Unser zweiter Tod im Jenseits

Nach irdischen Maßstäben kann unser Leben nach dem Tod, also unsere seelische Existenz im Astralbereich, sehr lange dauern. Egal jedoch, ob es sich nach den Maßstäben der materiellen Welt dabei um Jahrhunderte oder gar um Jahrtausende handelt, im seelischen Bereich gibt es eine derartige Zeitrechnung nicht. In der astralen Welt ist die Zeit ein vollständig subjektiver Faktor, sie unterliegt dort nicht den uns bekannten starren Gesetzen.

Die Dauer des Lebens auf der seelischen Ebene wird also individuell sehr unterschiedlich erlebt und hängt im Übrigen ganz wesentlich von der Quantität und der Qualität unserer individuellen seelischen Inhalte ab, die irgendwann jedoch ausklingen.

Nachdem sich die seelischen Energien in Form unserer Interessen, Wünsche und Begierden ausgelebt und erschöpft haben, tritt auch in der astralen Welt der Tod für uns ein. Ähnlich wie auf der materiellen Ebene sterben wir dort und lassen unseren feinstofflichen Seelenkörper als leere Hülle zurück.

Der Mensch erlebt im Seelenraum somit seinen zweiten Tod. Nachdem er sich beim physischen Tod von seinem materiellen Körper getrennt hat, lässt er jetzt, bei seinem seelischen Tod, seinen feinstofflichen Körper auf der Astralebene zurück. Bei unserem zweiten Tod, dem Tod auf der Seelenebene, wechseln wir von dort in den rein geistigen Bereich des Seins, ins reine, weiße Licht. Wir sind jetzt nur noch das klare, individuelle Bewusstsein: ICH BIN.

● ● ●

Perspektive Nr. 5

Der geistige Mensch

Der Weg des Geistes über die Seelenwelt in die Materie

Auf der rein geistigen Ebene, im Bereich des reinen, klaren Lichts, haben wir alle Trübungen durch Gedanken und Gefühle hinter uns gelassen. Wir sind das reine individuelle Bewusstsein: ICH BIN.

Die geistige Welt ist gestalt und formlos. Sie besitzt weder Raum, noch Zeit oder Materie. Hier herrscht reines, unwandelbares, ewiges, allgegenwärtiges Sein. Für diese unbeschreibbare Welt, jenseits aller Inhalte und Vorstellungen, verwenden fast alle archaischen Traditionen als Umschreibung die Begriffe: Gott und Glückseligkeit! Und diese Aspekte werden wiederum veranschaulicht durch ein ewiges, hell strahlendes Licht, dessen Gegenwart sich durch bedingungslose, allumfassende Liebe ausdrückt.

Diese alles umfassende bedingungslose Liebe ist das zentrale Wesensmerkmal des reinen Lichts, des absoluten Seins. Das, was wir eigentlich sind, unser geistiger Kern, unser tiefes Bewusstsein: ICH BIN, drückt sich durch diese allumfassende bedingungslose Liebe aus. Und in der freien Entfaltung der ewigen und unbegrenzten Liebeskraft in Form des reinen klaren Lichts, erleben wir Gott oder vollkommene Glückseligkeit.

Dieser finale Zustand des reinen, ewigen Seins, ist unser aller Ursprung. Er wird – nachdem wir ihn einmal verlassen haben – von uns allerdings nur mit einiger Mühe wieder erreicht. Voraussetzung dafür ist nämlich, dass wir unser individuelles Bewusstsein voll entfaltet und so weit entwickelt haben, dass wir hinter dem gesamten Sein die göttliche Quelle erkennen können.

Das Bewusstsein (ICH BIN) erschafft die Seele.

Der Weg, den wir zur Erlangung dieses vollkommenen Bewusstseins zu durchlaufen haben, stellt sich wie folgt dar:

Zum Beginn unserer Existenz wird unser individuelles Sein, also unser Bewusstseinskern: ICH BIN, von Gott, dem allumfassenden, ewigen Sein, als ein Funke strahlenden Lichts aus sich selbst herausgestellt. Gott schafft uns Menschen aus sich selbst, in Form eines eigenständigen, geistigen Seins. Erst als so geschaffener, eigenständiger Bewusstseinskern, erleben wir uns selbst als das individuelle Sein: ICH BIN. Und wir erkennen gleichzeitig, dass wir zwar wesengleich mit Gott, jedoch nicht identisch mit ihm sind, sondern getrennt von ihm existieren.

Die Erkenntnis unseres Getrenntseins von Gott ist also eine unmittelbare Folge unseres Bewusstseins ICH BIN. Denn ohne dass Gott uns aus sich selbst herausgestellt hätte, gäbe es kein individuelles ICH BIN-Bewusstsein und auch keine Trennung.

Das Gewahrwerden unserer Trennung und damit zugleich auch das Erkennen unserer Individualität, lenkt unsere Aufmerksamkeit jedoch fort vom göttlichen Ursprung. In uns erwacht auf diese Weise der grundlegende Wunsch nach etwas neuem, etwas anderem, jenseits der göttlichen Liebe und Harmonie.

Das Begehren nach etwas neuem außerhalb des reinen klaren Lichts erschafft eine neue Qualität, neben dem rein geistigen Sein. Diese neue Qualität, in Form unseres Denkens und Fühlens, ist nicht mehr geistiger Natur, sondern feinstofflicher Art. Es ist verdichteter Geist, also Plasma. Und dies ist der Beginn unserer feinstofflichen seelischen Hülle, gewoben aus unseren Gedanken und Gefühlen.

Durch das spontane Begehren nach etwas anderem, außerhalb von Gott, erschaffen wir selbst den Ursprung unseres Seelenkörpers. Bei diesem ersten spontanen Wunsch handelt es sich um den ersten seelischen Impuls überhaupt. Und dieser erste Impuls versetzt uns auf die seelische Ebene des Seins, also ins Plasma oder in die astrale Welt der Gedanken und Gefühle. Dieser Vorgang ist der Beginn unserer seelischen Individuation, denn jetzt, auf der seelischen Ebene, beginnen unsere jeweiligen Erfahrungen, also das, was wir als individualisiertes Sein erleben, unterschiedlich zu werden.

Jeder einzelne Bewusstseinskern ICH BIN, also wir Menschen alle, machen jeweils unsere persönlich unterschiedlichen, individuellen Erfahrungen im seelischen Raum, auf der Astralebene. Durch diese Prägungen unserer Gedanken und Gefühle entwickeln wir uns bereits auf der Seelenebene zu ganz unterschiedlichen Individuen. Wir beginnen schon im Seelenraum Vorlieben und Interessen auszuprägen, Fähigkeiten und Fertigkeiten zu gewinnen und Verbindungen mit anderen einzugehen.

Abgrenzung erzeugt feste, materielle Strukturen

Früher oder später tritt im Verlauf unserer fortschreitenden Bewusstwerdung eine neue Kraft auf. Es ist der Impuls der Ablehnung, Abgrenzung oder Verneinung. Mit dieser neuen Energie erreicht der Prozess der individuellen Differenzierung eine ganz neue Qualität! Durch diesen, der Integration entgegen gesetzten Impuls, tritt nämlich ein weiterer Schritt der stofflichen Verdichtung ein. Der Seelenstoff, das halbmaterielle, feinstoffliche Plasma, verdichtet sich jetzt, ausgelöst durch den Impuls der Verneinung oder Abgrenzung, zur festen Materie. Es entstehen feste, abgegrenzte Strukturen und materielle Körper. Unsere Seele formt für sich selbst einen materiellen Leib nach ihrem Ebenbild.

Damit haben wir die Voraussetzung geschaffen, in der materiellen Welt leben und handeln zu können. Auch hier unterliegen wir individuellen Erfahrungen und unterschiedlichen Lebensläufen, so wie wir es aus unserem Alltag kennen. Damit differenzieren und individualisieren wir uns weiter.

Die Schritte von der rein geistigen Ebene der Existenz zum feinstofflichen seelischen Bereich und weiter von der Seelenebene zur materiellen Welt, gehen also jeweils mit einem besonderen Impuls einher: Das rein geistige Sein wird an seiner Oberfläche zum dichteren und festeren Seelenstoff beim Auftreten des Begehrens.

Wir kommen aus einem Zustand der göttlichen Harmonie und begehren etwas neues, etwas außerhalb der bisher vorhandenen Glückseligkeit. Durch diesen Impuls verdichtet sich der Geist an seiner Oberfläche zum Plasma. Wir erschaffen damit unsere Seele als Träger unserer in die Erscheinung getretenen Gedanken und Gefühle. Mit unserem Seelenkörper agieren wir dann in der astralen Welt und in dem Augenblick, in dem wir dort das Empfinden der Verneinung entwickeln, also Ablehnung oder Abgrenzung gegen irgend etwas oder irgend jemand spüren, verdichtet sich die Seele an ihrer Oberfläche zum materiellen Körper.

Unser eigentliches Sein, der hellstrahlende geistige Bewusstseinskern, ICH BIN, ist somit eingeschlossen in eine zweifache Hülle. Die äußere Schale bildet unser materieller Körper mit dem wir in der materiellen Welt agieren und darunter, auf subatomarer Ebene, befindet sich unser feinstofflicher Seelenleib, der Astralkörper, als Träger unser Gedanken und Gefühle.

● ● ●

Perspektive Nr. 6

Individuelles Bewusstsein, Reinkarnation und Karma

Das reine Sein ist für unser irdisches Verständnis ohne Eigenschaften. Und auch die aus dem Sein herausgestellten, individuellen Bewusstseinsfunken, ICH BIN, unterscheiden sich nach unseren weltlichen Maßstäben zunächst nicht voneinander. Auf der Ebene des klaren geistigen Lichts gibt es weder charakterliche Unterschiede noch persönliche Merkmale im herkömmlichen Sinn. Das reine Sein, in Form des all umfassenden, strahlenden Lichts oder in Form des einzelnen, individuellen Bewusstseinsfunkens, ICH BIN, ist von glasklarer, schattenloser Durchsichtigkeit.

Und doch birgt das reine, geistige Licht das Potential einer unendlichen Vielfalt und Fülle in sich. Alles was jemals war, was heute ist oder was zukünftig sein wird, ist im reinen Geist, dem allumfassenden Bewusstsein, als Same oder als IDEE bereits vorhanden. Und damit sind diese IDEEN in gleicher Weise auch in jedem einzelnen Bewusstseinskern, ICH BIN, ebenso vorhandenen. Ziel und Zweck des individuellen Entwicklungsprozesses ist es nun, die im einzelnen Bewusstseinskern ruhenden IDEEN allesamt kennen zulernen und sie sich so bewusst zu machen.

Anders ausgedrückt: Dem einzelnen Bewusstseinsfunken, ICH BIN, ist seine individuelle Existenz nur dadurch bewusst geworden, weil er aus dem göttlichen Gesamtbewusstsein herausgestellt worden ist. Er hat sich dann von Gott abgewandt und begonnen, neues zu erforschen. Dies führt ihn in die astrale und die materielle Welt. Den Verstrickungen, denen er dabei erlegen ist, kann er nur dadurch entkommen, dass er seine Außenwelt als Projektion der in ihm ruhenden göttlichen IDEEN erkennt.

Sowohl bei der astralen Welt als auch bei der materiellen Ebene des Seins handelt es sich nur um die Aussendung der im Göttlichen ruhenden IDEEN, die auch in jedem einzelnen ICH BIN-Bewusstsein anwesend sind.

Im Ergebnis handelt es sich bei der individuellen Entwicklung des Einzelnen also um einen Akt der sukzessiven Bewusstwerdung. Im ersten Schritt wird das individualisierte Sein sich seiner selbst als ICH BIN bewusst und dann, im zweiten Schritt, erkennt das individuelle ICH BIN-Bewusstsein, das alles was im Außen existiert, auch in ihm selbst vorhanden ist, weil es dort, im göttlichen Kern, seinen Ursprung hat und nur von innen nach außen gespiegelt wurde.

Unterbewusstsein, Kollektivbewusstsein, individuelles Bewusstsein

In letzter Konsequenz, als abschließender Schritt unserer Bewusstwerdung, ergibt sich für uns also nicht nur das Bewusstsein vom individuellen Sein: ICH BIN, sondern weitergehend die Erkenntnis: ALLES was ist, ist (auch) in mir. Und da es nur eine ALLES umfassende Instanz gibt, nämlich GOTT, erkennen wir auf diesem Weg, Gott als unseren Wesenskern. Das heißt natürlich nicht, dass wir selbst Gott sind, sondern, dass Gott unserem ICH BIN-Bewusstsein zugrundeliegt, dass er uns geschaffen hat und dass er uns stets mit seiner Energie trägt. Wir begegnen Gott sowohl innen als auch außen! Gott umfasst das gesamte Sein! Es gibt nichts außerhalb von Gott!

An diesem Punkt unserer Reise stellen wir fest, dass uns unser erster Impuls, der uns nach etwas neuem außerhalb der Harmonie mit Gott, suchen ließ, in die Irre geführt hat. Denn es gibt weder in uns noch außerhalb von uns etwas anderes als Gott. Wir leben, weil Gott uns aus sich heraus in die Existenz gestellt hat. Wir erhalten all unsere Lebensenergie durch sein Licht und seine Liebe und zusätzlich leben wir auch in der äußeren Welt in seiner Schöpfung, die er durch seine IDEEN ins Dasein gerufen hat. Das ist die tiefere Bedeutung der oft zitierten Worte „Tat Tvam Asi" oder des Mantras „So Ham" aus der fernöstlichen Philosophie. Mit diesen Sanskrit-Begriffen ist nichts anderes gemeint, als: DU BIST DAS (ALLES) oder umgekehrt: DAS (ALLES) BIN ICH / (IST IN MIR).

Die gelungene individuelle Bewusstwerdung bedeutet, dass wir den Ursprung unseres Seins, GOTT, ebenso als den Ursprung der Außenwelt erkennen. Wenn das der Fall ist gibt es für uns keine Fremdheit mehr. Wir betrachten und erleben jeden Menschen, jedes Tier, ja die gesamte Natur als einen Teil des göttlichen Seins. Und wir denken, fühlen und handeln dementsprechend. Und diese Erkenntnis endet nicht bei der Natur, sie umfasst unsere gesamte Welt, ja, das gesamte Universum. Alles was ist!

Wie werden wir zu einem solchen Individuum? Nur durch die Kraft der LIEBE! Denn nur die LIEBE ermöglicht wahre Integration. Aber das braucht Zeit! Lange Zeit, denn eine so grenzenlose Öffnung unseres individuellen Seins und eine so umfassende Integration des vermeintlich Neuen, Fremden und Anderen in unser Sein gelingt nur in langsamen und kleinen Schritten. Nur behutsam, Stück für Stück, können wir bisher Unbekanntes und Fremdes akzeptieren, aufnehmen und letztlich als Göttliches erkennen.

Reinkarnation als Prozess zur Individualisierung

Die Zeiträume, die zu diesem persönlichen Wachstum erforderlich sind, gehen weit über eine einzelne Lebensspanne hinaus. Wir brauchen sehr viele Leben, zu unterschiedlichen Zeiten, in unterschiedlichen Situationen und unterschiedlichen Rollen, um das Sein im Ganzen kennenzulernen und integrieren zu können. Und darum treten wir immer wieder die Reise aus der geistigen Sphäre in die Seelenebene und von dort aus weiter in die Welt der Materie an. Wir reinkarnieren stets auf's Neue, um weitere Aspekte des Seins kennenzulernen und diese in unser Bewusstsein zu integrieren. Auf diese Weise entdecken und verwirklichen wir nach und nach all die seit Anbeginn in uns vorhandenen göttlichen IDEEN.

Dieser lange während Prozess der fortschreitenden Bewusstwerdung verläuft nicht bei allen Menschen gleich. Im Gegenteil! Bereits auf der feinstofflichen Seelenebene, also bei unserem Leben in der Astralwelt, unterscheiden sich die Erlebnisse und Erfahrungen des Einzelnen stark voneinander. Dadurch prägen sich ganz unterschiedliche individuelle Eigenschaften aus. Diese Differenzierung setzt sich auch nach unserer Inkarnation auf der materiellen Ebene weiter fort. Ja, sie verstärkt sich hier sogar, weil der Umgang mit den hier vorhandenen, festen Objekten und starren Strukturen, ganz besonders lehrreich und bewusstseinsbildend für uns ist.

Die individuell unterschiedliche Entwicklung führt zu einer immer weiteren Auffächerung unserer charakterlichen Eigenschaften und letztlich zu einer sich selbst antreibenden Kraft, die wir Schicksal nennen! Unser unterschiedlich entwickeltes Bewusstsein und die daraus resultierenden Gedanken und Taten rufen unser Schicksal hervor. Schicksal oder Karma, wie der dafür oft verwendete Sanskritbegriff lautet, entsteht als natürliche Folge unserer Individualität, unseres unterschiedlichen Charakters mit all seinen Eigenarten, Vorlieben, Neigungen und Abneigungen und dem sich daraus ergebenden, individuellen Denken und Handeln.

Das Resonanzgesetz: Gleiches reagiert auf Gleiches

Schicksal bedeutet: Jeder erhält und erlebt heute das, was seinem in zurückliegenden Zeiten entwickeltem, individuellen Sein entspricht. Dabei wirkt das Gesetz der Resonanz, nach dem Gleiches auf Gleiches reagiert oder Gleiches anzieht und hervorruft. Dieses Gesetz wirkt auf der Seelenebene und von dort ausgehend bis tief in unsere materielle Welt hinein.

In der feinstofflichen Seele sind unsere individuellen Impulse in Form unserer persönlichen Gedanken, Gefühle und Erinnerungen gespeichert. Diese Kräfte wirken von dort in unsere grobstoffliche Welt und drücken sich hier, auf der körperlichen Ebene, als materielle Gegebenheiten, Objekte, Personen und Geschehnisse in unserem aktuellen Leben aus. Das, was wir äußerlich erleben, entspricht unserem zurückliegenden Denken und Handeln und damit unserer inneren Struktur. Daraus folgt: Je aufmerksamer und bewusster wir unsere Umwelt betrachten und unserer äußeres Leben wahrnehmen, je mehr lernen wir über uns selbst.

Dies gilt ganz besonders auch für die „negativen" Aspekte unserer persönlichen Wirklichkeit, mit denen wir ganz und gar nicht einverstanden sind! Auch diese Gegebenheiten haben ihre Ursachen selbstverständlich in uns selbst, in unserem individuellen seelischen Sein. In unserem jeweiligen Leben zeigen sich nämlich nicht nur die Impulse, die uns aktuell ohnehin bewusst sind und die uns gefallen. In der feinstofflichen, astralen Welt unserer Seele ist stets ALLES gegenwärtig und präsent, was wir jemals gedacht, gefühlt und getan haben, Positives wie Negatives. Und auch das, was wir in Zukunft denken und fühlen werden, ist dort bereits anwesend. All diese vergangenen, gegenwärtigen und zukünftigen Impulse färben unser individuelles Sein und drängen zugleich in unsere Wirklichkeit.

Hier liegen die Ursachen für unser oft unerwartetes Schicksal, für die guten und schlechten Überraschungen, mit denen wir in unserem persönlichen Alltag immer wieder konfrontiert werden. Und natürlich liegen hier auch die Ursachen für die als besonders „schlimm" empfundenen Schicksalsschläge und ebenso für die als herausragend erlebten „positiven" Fügungen, die immer wieder in unserem Leben geschehen.

Alles, was wir erleben, ist ein Spiegel der Energien aus unserer eigenen Seelenwelt. DAS BIST DU. Tat Tvam Asi.

● ● ●

Perspektive Nr. 7

Es gibt den absoluten Wert: die LIEBE

In unserer modernen, materialistisch orientierten Welt gibt es keine absoluten Werte und das hat einen guten Grund: Nach allgemein herrschender Anschauung ist die Materie die Grundlage des Seins und die Materie selbst ist wertfrei. Angeblich ist sie mit dem Urknall aus dem Nichts entstanden und daher ist sie weder gut noch schlecht. Von dieser Grundlage ausgehend ist auch die Natur, also die sich aus sich selbst heraus entwickelnde und gestaltende Materie, insgesamt wertfrei. Auch die Natur ist einfach vorhanden. Und sie ist so, wie sie eben ist: weder gut noch schlecht. Auch sie verfolgt weder einen Sinn noch einen Zweck. Und da der Mensch ein Teil der Natur ist, ist auch er sinn- und zweckfrei. Der Mensch gilt als zufälliges Produkt einer zufälligen biologischen Entwicklung.

Werte kommen nach dieser Anschauung erst durch den Menschen selbst ins Spiel. Der Mensch betrachtet sich und die Welt und bewertet das, was er sieht, nach seinen menschlichen Maßstäben. Alle Werte sind nach dieser Überzeugung von uns Menschen selbst gemacht. Und damit sind alle Werte relativ. In unserer durch und durch materialistisch ausgerichteten Kultur und Gesellschaft werden alle vorhandenen Werte, immer und ausnahmslos, als vom Menschen geschaffene Definitionen angesehen. Und weil das so ist, können alle Werte auch beliebig von uns verändert, neu definiert oder gar abgeschafft werden. Hier, in der totalen Unverbindlichkeit aller Werte, liegt die Wurzel der kulturellen Abgründe und der gesellschaftlichen Degenrationsprozesse, die überall zu beobachten sind.

Abhilfe kann es nur geben, wenn der Irrtum der materialistischen Weltanschauung als solcher erkannt und korrigiert wird! Nur in dem toten, geistlosen und seelenleeren Universum der Materialisten ist der Mensch das „Maß aller Dinge" und nur in einer solchen Umgebung entwickelt er die Hybris, alleiniger Urheber aller Werte zu sein.

Sobald wir erkennen, dass wir in einem dreigliedrigen Kosmos leben, der eine materielle, eine seelisch und eine geistige Daseinsebene hat, erkennen wir auch, dass es in diesem Kosmos absolute Werte gibt, Werte, die außerhalb und unabhängig von uns Menschen bestehen. Werte, die für das Dasein insgesamt und damit auch für den Menschen verbindlich gelten.

Das wahre Maß aller Dinge

Der allem zugrundeliegende Wert und damit das wahre Maß aller Dinge, ist die LIEBE! Liebe ist das, was unsere Welt im Innersten zusammenhält. Liebe wirkt in unterschiedlichen Ausdrucksformen auf allen Ebenen des Seins.

Liebe zeigt sich auf der materiellen Ebene, im Universum der Materie, als Gravitation, als die Anziehungskraft zwischen zwei materiellen Körpern. Auch in der astralen Welt, auf der Seelenebene, wirkt die Liebe als die Kraft der gegenseitigen Anziehung, als das Resonanzgesetz: Gleiches zieht Gleiches an. Und sie wirkt auch in dem parallelen Gesetz der Synchronizität: Gleiches wirkt zugleich auf Gleiches. Und auf der geistigen Ebene? Im Bereich des reinen Seins? Dort ist die Liebe der erste Impuls überhaupt, der vom ICH BIN-Bewusstsein unmittelbar nach dem Gewahrwerden seiner selbst, wahrgenommen wird. Zugleich mit dem ersten Erleben unserer individuellen Existenz erleben wir uns im Licht der göttlichen Liebe. Wir befinden uns in einem Zustand göttlicher Harmonie und Glückseligkeit. Erst in dem Moment, in dem wir uns von der göttlichen Liebe abwenden, beginnt unsere Reise in unsere seelische Existenz auf der Astralebene und weiter in unsere materielle Körperlichkeit. Doch die Liebe, in der sich die

Sehnsucht nach einer Rückkehr in die göttliche Harmonie ausdrückt, bewirkt, dass wir letztlich zum absoluten Sein zurückkehren werden.

Liebe ist die zentrale Kraft, die den individuellen Bewusstwerdungsprozess des Menschen als Motor antreibt, ihn am Laufen hält und schließlich zur Vollendung führt. Nur durch die Kraft der Liebe sind wir in der Lage uns für neues zu öffnen und dieses in uns aufzunehmen. Die Liebe ist die Integrationskraft, die uns persönliches Wachstum ermöglicht. Nur mit Liebe lernen wir neues kennen und schätzen. Eine abgeschwächte Form der Liebe ist das, was wir Interesse, Neugier, Hinwendung und Aufmerksamkeit nennen. Dies alles sind Spielarten der Liebe. Andere Ausdrucksformen der Liebe sind Hilfe, Fürsorge, Unterstützung und Zuwendung. Liebe verbindet uns aktiv mit unserer Umwelt und mit unserem Nächsten. Nur durch die Liebe erreichen wir letztlich das Ziel einer alles umfassenden Bewusstheit, die uns in ihrer Vollendung schließlich zum absoluten Sein, zu Gott, führt.

Liebe steht für Weite, Öffnung und Offenheit. Der Gegensatz dazu ist Hass, der mit Enge, Abgrenzung und Verschlossenheit einhergeht. Hass jedoch ist kein Wert an sich. Hass ist ein Mangel an Liebe! Hass tritt auf, wenn Liebe fehlt! Genau wie der Schatten nur die Abwesenheit des Lichts anzeigt und keine eigene Seinsqualität aus sich selbst heraus besitzt. Es gibt nur Licht, Liebe und Leben und wo diese drei Elemente fehlen, herrschen Dunkelheit, Hass und Tod.

Liebe ist der ultimative Wert an sich, denn Liebe ist die erste Qualität des geistigen Lichts. Es gibt keinen für uns fassbaren Wert vor oder über der Liebe. Mit der Liebe besitzen wir einen allgemeingültigen, verbindlichen Maßstab, an dem wir uns sicher orientieren können. In dem Maße, in dem wir uns an der Liebe ausrichten, befinden wir uns auf dem richtigen Weg, auf dem Weg zurück zu Gott. Die Liebe sollte Maßstab unsers Denkens, Fühlens und Handelns sein – sowohl auf der seelischen Ebene als auch in der materiellen Welt.

Liebe bietet sichere Orientierung in der Welt.

An der Liebe und all den aus ihr ableitbaren Eigenschaften, wie zum Beispiel Güte, Gnade, Herzlichkeit aber auch Freiheit, Toleranz und Gerechtigkeit, können und sollen wir uns auf unserem Weg durch die Welt orientieren. Solange wir Positionen der Liebe vertreten, fördern wir das geistige Licht und die Kräfte der Lebendigkeit. Und damit fördern wir uns selbst, denn damit öffnen wir uns für den lebendigen Prozess des Seins. Nur über diesen Weg, den Weg der Akzeptanz und der Offenheit, ist eine stetige Erweiterung unseres Bewusstseins möglich. Der Weg der Abgrenzung und der Verschlossenheit führt zum Gegenteil, zu einer Verengung und Erstarrung unseres individuellen Seins. Abgrenzung führt letztlich zu Krieg und Hass – Offenheit führt immer zu Frieden und Liebe.

Wenn wir einen Moment innehalten und dabei versuchen, uns ein wenig zu besinnen, können wir tief verborgen in uns fühlen, dass die Liebe der universelle Schlüssel zur Lösung all unserer Probleme ist. Wir fühlen diese Wahrheit, auch wenn wir in unserem Alltag nicht danach leben. Und wir wissen intuitiv, dass es genau darum geht, diese Diskrepanz zwischen dem, was wir tief in uns fühlen, und dem, was wir äußerlich tun, zu überwinden. Unser persönliches Wachstum hängt davon ab, ob und wie gut uns dies gelingt. Dadurch, dass wir die Liebe in unserem Denken und Handeln bewusst zum Ausdruck bringen, machen wir einen großen Schritt auf unserem Weg zurück zur Quelle des Seins, zum allumfassenden Bewusstsein, zu Gott.

Und das Ergebnis unserer Bemühungen bleibt uns nicht verborgen. Wir sehen es in einer zunehmenden Erfüllung und Harmonisierung unseres Lebens und darüber hinaus spätestens bei unserem physischen Tod, gleich nachdem wir unseren materiellen Körper endgültig verlassen haben:

• *Die „Lebensrückschau" empfinden viele als eine Art Gericht, denn die Lichtwesen betonen immer wieder die Bedeutung der Liebe und des Weisheitserwerbs sowie der Wirkungen, die die eigenen Handlungen auf andere haben. Sofort weiß die Person dann, was sie im Leben richtig oder falsch gemacht hat.*
(Holger Kalweit)

●●●

Perspektive Nr. 8

Gott – das ABSOLUTE Individuum!

• *Obwohl der Mensch sich selbst sehr wohl als Individuum empfindet, ist er sich nicht mehr seines Ursprungs, des absoluten Individuums (Gott), bewusst.* (Armin Risi)

Gott ist allumfassend! Ewig! Jenseits von Zeit und Raum! Stets präsent, innerhalb und außerhalb all dessen was ist.

Als absolutes Sein steht Gott jenseits aller philosophischen Betrachtungen und doch schließt er alle Philosophien in sich ein. Gott selbst gehört auch keiner Religion an! Und umgekehrt gehört er weder den Dualisten noch den Monisten. Gott umfasst beide Positionen, denn: Es gibt nichts außer Gott oder außerhalb von ihm. Doch zugleich gilt auch: Gott ist nicht nur seine Schöpfung, denn selbstverständlich geht er über seine eigene Schöpfung weit hinaus, seine Schöpfung ist nur ein Teil von ihm. Gott ist transzendent und immanent!

Gott, als rein geistiges Sein ist die Grundlage all dessen was ist, denn: Alles was ist, ist in seinem Kern rein geistiges Sein, also Gott. Dies gilt für alle Bereiche und Ebenen der Existenz, für den gesamten Kosmos, für das Leben und die Materie und es schließt uns Menschen selbstverständlich ein.

Idealismus oder Materialismus

Gott gehört auch nicht den Idealisten oder den Materialisten. Auch hier umfasst er beide Positionen: Alles was war, was ist und was jemals sein wird, ist als ewige Idee im reinen, göttlichen Geist immerwährend präsent. Und zugleich verdichtet sich der göttliche Geist in einem stufenweisen Prozess zunehmender Festigkeit über die Astralebene bis hin zur materiellen Welt. Gott ist sowohl die (geistige) Idee, als auch die energetische (seelische) Form und letztlich die materielle (körperliche) Gestalt!

Umfasst Gott somit auch unsere Seelenebene und unser körperliches Sein? Ja, denn alles, was ist, ist Gott! Aber: Gott ist viel mehr als die körperliche und die seelische Welt. Das göttliche Sein beschränkt sich selbstverständlich nicht auf das materielle Universum und auf die Astralwelt. Und es beschränkt sich auch nicht auf das darüber hinausgehende, rein geistige Sein. Gott ist all das und zugleich ist er unendlich viel mehr! Er ist allumfassend. Gott ist absolut!

Gott steht jenseits jeglicher Polarität! Und damit klärt sich sogleich auch die Frage, ob es einen „persönlichen Gott" gibt, ob Gott als Person, als Wesen, als Individuum existiert, oder ob sich das Göttliche im unpersönlichen, absoluten Sein erschöpft. Auch hier gilt: sowohl als auch! Gott ist das unpersönliche, absolute, rein geistige Sein und in dieser Form transformiert er sich selbst zur Schöpfung, zu dem was ist; aber: Gott ist zugleich auch personifiziertes Sein, absolute Individualität! Gott existiert außerhalb seiner Schöpfung als eigenständiges Individuum.

Theismus oder Atheismus

Gott transzendiert damit auch die Gegensätze des Theismus und des Atheismus. Er ist nicht einfach nur die neutrale geistige Einheit, die hinter der materiellen Vielfalt des Universums steht. Gott erschöpft sich weder im „Nichts" der Buddhisten noch im „Alles" der Vedantisten. Und Gott lässt sich ebenso wenig auf den „Monotheismus" des christlichen und islamischen Denkens beschränken. Gott geht über all diese Positionen hinaus.

Nur weil Gott seine eigene Schöpfung transzendiert und neben seiner direkten Selbsttransformation zugleich auch als konkretes allumfassendes Individuum existiert, gibt es den für die Schöpfung erforderlichen Impuls.

Ohne göttlichen Willen gäbe es keine Schöpfung! Und jeder Wille setzt stets eine klar iden-

tifizierbare Individualität voraus! Das inhaltslo-
se, leere „Nichts" bringt nichts hervor! Und das
undifferenzierte, diffuse „Alles", bringt ebenso
wenig etwas Konkretes in die Existenz.

Jeder sichtbare Impuls hat einen konkreten
Urheber. Und der konkrete Urheber der
Schöpfung ist Gott! Aber Vorsicht mit zu einfa-
chen Schlussfolgerungen, wie zum Beispiel:
„Wenn Gott zu allem geworden ist, dann ist
alles gleich gut!" oder „Wenn alles von Gott
geschaffen ist, dann ist Gott für alles verantwortlich!"

Diese Aussagen beziehen sich auf Gott in seiner immanenten Form (Gott wurde zur Welt)
und auf Gott in seiner transzendenten Form
(Gott schuf die Welt). Beides ist richtig und
beides trifft auf Gott gleichermaßen und
zugleich zu und doch greifen die Formeln viel
zu kurz! Denn sie entspringen dem begrenzten
menschlichen Denken, das auf der einen Seite
in der Dualität von entweder – oder gefangen
ist, oder, als Ausweg aus dem Dualismus, die
gesamte Schöpfung einheitlich gleich setzt.

Licht und Schatten

Das Beispiel von Licht und Schatten mag das
verdeutlichen: Licht ist eine sichtbare Realität.
Und bereits dadurch, dass es einfach nur exis-

tiert, ist das Licht zugleich auch der Urheber des Schattens. Denn, ohne das Licht gäbe es den Schatten nicht. Das Licht ist vom Schatten völlig unabhängig. Umgekehrt ist der Schatten vollständig vom Licht abhängig. Nur beim Vorhandensein des Lichts kann es Schatten geben.

Licht und Schatten sind also keinesfalls gleichwertige Dinge! Licht hat eine eigenständige Existenz, Schatten jedoch nicht. Licht existiert vollkommen unabhängig vom Schatten, während der Schatten seine Existenz erst durch das Licht erhält. Der Schatten lebt von der Energie des Lichts. Auch wenn Gott in seiner immanenten Form konkret zur Schöpfung wird, ist die Schöpfung damit also keineswegs völlig homogen und gleichwertig! Das Unterscheiden zwischen „gut und böse" oder „richtig und falsch" bleibt uns also nicht erspart.

Und auch hinsichtlich der göttlichen Verantwortung für die von ihm geschaffene Welt gilt es zu differenzieren. Gott transzendiert auch den Determinismus. Es gibt für seine Schöpfung zwar feste Regeln, er schuf den Kosmos aber trotzdem nicht wie ein Uhrwerk. Die Welt ist keine nach einem festen Programm ablaufende, tote Maschine. Gott schuf in erster Linie individuelles und bewusstes Sein. Der gesamte Kosmos ist belebt von unzähligen Individu-

en. Auf allen Ebenen des Seins, in der geistigen, seelischen und materiellen Welt, leben
gottgeschaffene Wesen mit einem individuellen Bewusstsein und mit einem freiem Willen.
Sie können sich frei für das Licht oder für den
Schatten entscheiden.

Nicht nur den Menschen schuf Gott nach seinem Ebenbild. Nicht nur wir besitzen ein ICH
BIN-Bewusstsein und einen freien Willen. Beides, Bewusstsein und Wille, ist durchgängiges
Merkmal des Lebens im gesamten von Gott
geschaffenen Kosmos. Unterschiede gibt es
nur im Grad der Bewusstheit und des freien
Willens. Und der Mensch nimmt dabei keineswegs eine herausragende Position ein. Ganz
im Gegenteil: Viele Wesen in den uns umgebenden Sphären übertreffen uns bei weitem,
wenn es um geistige Klarheit, um Einsicht und
um die Kraft des Willens geht. Die religiösen
Traditionen unserer Welt legen ein breites
Zeugnis ab von erhabenen Lichtwesen, von
Engeln, Elfen und Feen, von Devas und auch
von Dämonen.

Gott ist transzendent und immanent!

Weil Gott beides ist, transzendent und immanent, ist seine Schöpfung gleichzeitig göttlich
und auch von ihm getrennt. Gott transformiert
sich selbst zur Schöpfung und bleibt dennoch

zugleich auch außerhalb der von ihm geschaffenen Welt. Für alle Geschöpfe und auch für uns Menschen heißt das:

• Wir sind göttlich! Mit unserem Körper, unserer Seele und unserem Geist haben wir Anteil am göttlichen Sein. Für unseren individuellen geistigen Kern, das ewige ICH BIN-Bewusstsein, gilt dies sogar über unseren körperlichen und seelischen Tod hinaus.

• Zugleich besteht unsere Verbindung zu Gott aber auch in der Beziehung des Schöpfers zu seinem Geschöpf! Gott ist auch das konkrete „Wesen", das uns erschaffen hat. Wir können ihm tatsächlich, von Individuum zu Individuum, begegnen. Und dies ist vielen Menschen seit jeher auch geschehen. Die Berichte über persönliche Begegnungen mit Gott sind vielfältig. Es gab und gibt sie in allen Kulturen und zu allen Zeiten.

Wir Menschen sind in Gottes Kosmos also nicht allein! Auf allen Ebenen des Seins, in der materiellen Welt, im Astralbereich und auch in den geistigen Gefilden, sind wir umgeben vom vielfältigen, bewussten Leben unser Mitgeschöpfe. Die Mehrzahl von ihnen strebt dem Licht zu, doch stets wählen einige auch den Schattenbereich. Der freie Wille macht dies möglich.

Wenn wir uns für das Licht entscheiden, werden wir irgendwann die Kraft der Liebe entdecken. Mit der Liebe allgemein und ganz besonders mit der Liebe in ihrer selbstlosen und bedingungslosen Form, besitzen wir den Schlüssel zu Gott. Liebe erweitert unser Bewusstsein. Durch die Liebe integrieren wir neues und fremdes in unser Sein. Wenn wir lieben, wachsen wir Gott entgegen. Bildlich gesprochen strecken wir mit unserer Liebe unsere Hand nach Gott, unserem Schöpfer, aus.

• *Die höchste spirituelle Aufgabe der Menschheit besteht in der Durchdringung des gesamten Kosmos mit der Kraft der Liebe.*
(Dr. L. Hollerbach)

● ● ●

Perspektive Nr. 9

Der Überblick (Eine Zusammenfassung)

• *Die Spur der Sterbeforschung, der Parapsychologie und der spirituellen Psychologie führt zu konkreten Erkenntnissen, nämlich, dass wir in unserem ewigen Bewusstseinskern spirituelle Seelen sind, die sich mit materiellen Körpern identifizieren und dabei vergängliche Situationen in irdischen, astralen und kosmischen Dimensionen durchwandern.* (Armin Risi)

Drei Welten

Wir leben in einem Kosmos mit drei Daseinsebenen:

• der geistigen Welt
• der astralen oder seelischen Welt
• der materiellen Welt

Wichtig: Es handelt sich bei dieser Dreiteilung der äußeren Wirklichkeit um einen realen Sachverhalt! Die drei Welten sind kein intellektuelles Konzept sondern tatsächliche, konkrete Daseinsräume, reale Existenzebenen.

Die Daseinsbereiche sind hierarchisch gegliedert.

Ursachenebene ist die geistige Welt. Aus dieser geht die astrale Welt als verdichtete, feinstoffliche Struktur hervor und aus der astralen Welt wiederum entwickelt sich durch weitere Verdichtung die materielle Welt der festen Körper.

Körper, Seele, Geist

Die Struktur des Menschen entspricht dem Aufbau des Kosmos.

Der Mensch setzt sich zusammen aus:

• dem geistigen Kern, ICH BIN-Bewusstsein
• der feinstofflichen Seele, Träger der Gedanken und Gefühle
• dem materiellen Körper

Auch hier gilt: Die Dreigliederung des Menschen ist eine reale Tatsache! Es handelt sich nicht um ein intellektuelles Konzept. Der Mensch existiert zugleich als reiner Geist (ICH BIN-Bewusstsein), als feinstoffliche Seele (Träger seiner Gedanken und Gefühle) und als materieller Körper (biologischer Organismus).

Wie der Kosmos, besitzt auch der Mensch eine hierarchische Struktur.

Ursächlicher und ewiger Kern des Menschen ist sein Geist, das ICH BIN-Bewusstsein. Dieses verdichtet sich zu einer ihn umgebenden, seelischen Hülle, dem feinstofflichen Astral-körper und dieser wiederum „kristallisiert" auf der materiellen Ebene zum festen biologischen Körper.

Der Mensch überlebt seinen körperlichen Tod.

Der körperliche Tod tritt ein, wenn der Mensch sich mit seinem ICH BIN-Bewusstsein und seiner Seelensubstanz aus der materiellen Welt zurückzieht. Übrig bleibt dann nur sein stofflicher Körper. Doch dieser biologische Or-ganismus zerfällt ohne die Anwesenheit des geistigen Kerns und der zugehörigen Seele.

Der Mensch selbst lebt weiter. Sein ICH BIN-Bewusstsein verbleibt in seinem Seelenkörper mit allen dort gespeicherten Erinnerungen, Gedanken und Gefühlen. Mit dem physischen Tod wechselt der Mensch also nur seinen Auf-enthaltsort und den Fokus seines Bewusst-seins von der materiellen Welt zur feinstoffli-chen Astralebene. Geist und Seele bleiben vom Sterben unberührt. Der Mensch verändert sich nicht! Sein ICH BIN-Bewusstsein, sein Denken und sein Fühlen bleiben erhalten. Er verliert beim physischen Tod nur seinen festen Körper und damit den Zugang zur materiellen Welt.

Der Mensch überlebt seinen seelischen Tod.

Nachdem wir unseren biologischen Körper in der materiellen Welt zurückgelassen haben, leben wir unverändert als ICH BIN-Bewusstsein, auf astraler Ebene in unserem feinstofflichen Seelenkörper weiter. Und dieses Leben in der Astralwelt ist ein Nachklang unserer irdischen Existenz.

Unsere Seele ist Träger unseres Denkvermögens, unserer Erinnerungen und unserer Gefühle. Mit den seelischen Bildern aus unserem Erinnern, unserem Denken und unserem Fühlen, projizieren wir in der astralen Welt unseren eigenen, subjektiven „Himmel" oder unsere eigene, subjektive „Hölle". Und wir leben in dieser persönlichen Sphäre bis sich die mentalen und emotionalen Energien all unsere Wünsche, Sehnsüchte und Leidenschaften, vollständig erschöpft haben.

Nachdem unsere Seelensubstanz durch das Ausagieren der gespeicherten Energien zur Ruhe gekommen ist, verlassen wir, in Form unseres ICH BIN-Bewusstseins, schließlich auch unseren Seelenkörper und wir begeben uns auf die geistige Ebene. Wir sterben in der astralen Welt also einen zweiten Tod.

Der geistige Mensch

Auf der geistigen Ebene, im Bereich des reinen, klaren Lichts, haben wir alle Trübungen durch Gedanken und Gefühle hinter uns gelassen. Wir sind vollkommen frei von allen körperlichen und seelischen Bedingungen. Wir sind das reine Bewusstsein: ICH BIN. Als individuelles, rein geistige Sein erleben wir zeitlose und damit ewige Glückseligkeit!

Doch solange unser Bewusstseinskern im Prozess der individuellen Bewusstwerdung nicht weit genug geöffnet worden ist, umfassen wir nicht das ganze göttliche Sein. Wir erleben uns weiterhin als getrennt von Gott und der Glückseligkeit. Und so entsteht in uns erneut der Impuls zum Aufbruch in eine neue, noch umfassendere Bewusstwerdung.

Wir umgeben uns also erneut mit einem feinstofflichen Seelenleib und begeben uns so auf die astrale Ebene. Hier leben unsere bisher erworbenen Eigenschaften, unser Denken und Fühlen, unsere Vorlieben und Abneigungen, wieder auf.

Von der astralen Ebene aus erschaffen wir uns als letzten Schritt einen neuen biologischen Körper in der materiellen Welt und begeben uns damit in eine neue Inkarnation.

Individuelles Bewusstsein, Reinkarnation und Karma

Ziel und Zweck des Bewusstwerdungsprozesses ist es, die in unserem geistigen Kern, ICH BIN, ruhenden göttlichen IDEEN allesamt nach und nach kennen zulernen und sie uns so bewusst zu machen. Diese geistigen IDEEN umfassen das gesamte Sein. Alles, was jemals war, was ist und was sein wird. Wenn wir das erkennen, erkennen wir Gott als den Urheber und Impulsgeber der inneren und äußeren Existenz.

In dem Maße, in dem wir uns dem Lebensprozess öffnen, erkennen wir die göttlichen Ideen im Spiegel der äußeren Welt und nehmen sie so in unserer aktives Bewusstsein auf. Die Ideen gelangen auf diese Weise vom Unterbewusstsein ins aktive Bewusstsein oder auch vom Kollektivbewusstsein ins Individualbewusstsein. Wir wachsen also als Individuum, indem wir unser aktives Wissen über die Inhalte unseres Bewusstseins vergrößern.

Dieser umfassende Prozess erfordert viele Leben. Nur durch eine Vielzahl unterschiedlicher Inkarationen sind wird in der Lage, die zur Bewusstseinsentwicklung erforderlichen Erfahrungen vollständig zu machen.

Und unser Entwicklungsprozess verläuft individuell unterschiedlich. Denn durch unsere persönlichen Erfahrungen bilden wir ganz unterschiedliche Eigenschaften und Charaktere aus. Und diese bringen wir in jede neue Inkarnation mit ein. Wir schaffen uns damit individuell sehr unterschiedliche Voraussetzungen und Bedingungen für unser Leben und für unser Wachstum in der Welt.

Es gibt den absoluten Wert: die LIEBE

Der allem zugrunde liegende Wert und damit das Maß aller Dinge, ist die LIEBE! Liebe ist das, was unsere Welt im Innersten zusammenhält. Liebe wirkt in unterschiedlichen Ausdrucksformen auf allen Ebenen des Seins.

Die Liebe ist der erste Impuls, der vom ICH BIN-Bewusstsein in der Gemeinschaft mit Gott wahrgenommen wird. Erst mit unserer Abwendung von dieser Liebe beginnt unser Weg von der geistigen Welt in den Astralbereich. Dort, auf der Seelenebene, verbindet uns wiederum die Liebe in ihrer Form als Resonanzgesetz mit all dem was wir lieben: Personen, Orte, Dinge, Gegebenheiten. Und auch auf der materiellen Ebene wirkt die Liebe als Anziehungskraft, hier heißt sie Gravitation.

Nur durch die Liebe ist es uns möglich, unser individuelles Sein weit genug zu öffnen, um neue Inhalte aufzunehmen und diese in unser Bewusstsein zu integrieren. Unser Bewusstsein wächst in dem Maß, in dem wir lernen zu lieben! Liebe ist die zentrale Kraft, die den Bewusstwerdungsprozess des Menschen als Motor antreibt, ihn am Laufen hält und schließlich zur Vollendung führt.

Unser persönliches Wachstum hängt davon ab, wie gut es uns gelingt zu lieben. Dadurch, dass wir die Liebe in unserem Denken und Handeln bewusst zum Ausdruck bringen, machen wir einen großen Schritt auf unserem Weg zurück zur Quelle unseres Seins, zum allumfassenden Bewusstsein, zu Gott.

Gott – das ABSOLUTE Individuum!

Weil Gott beides ist, transzendent und immanent, ist seine Schöpfung gleichzeitig göttlich und auch von ihm getrennt. Gott transformiert sich selbst zur Schöpfung und bleibt dennoch zugleich auch außerhalb der von ihm geschaffenen Welt.
Gott ist zum einen das allem zugrunde liegende, allumfassende, rein geistige Sein und dieser göttliche Geist verdichtet sich bis hin zur materiellen Welt. Zum anderen jedoch ist Gott gleichzeitig auch der außerhalb stehende

Schöpfer des von ihm erdachten Kosmos. Gott existiert außerhalb jeder Polarität.

Nur weil Gott seine eigene Schöpfung transzendiert und zugleich auch als konkretes allumfassendes Individuum existiert, gibt es den für die Schöpfung erforderlichen Impuls. Ohne diesen göttlichen Willen gäbe es keine Schöpfung! Und jeder Wille setzt stets eine klar identifizierbare Individualität voraus!

Auch wir selbst als ewige Individuen spiegeln Gott in seinem individuellen Sein wieder. Gott schuf aber nicht nur den Menschen nach seinem Ebenbild. Nicht nur wir besitzen ein ICH BIN-Bewusstsein und einen freien Willen. Beides, Bewusstsein und Wille, ist durchgängiges Merkmal des Lebens im gesamten von Gott geschaffenen Kosmos.

Konsequenzen

• *Allerdings muss man unter den Lesern drei Gruppen unterscheiden:*

− *solche, die seine Bücher als Märchen oder Phantasy lesen,*
− *solche, sie seine (Erzählungen) für bare Münze nehmen*
− *und solche, die seine Geschichten als Denkspiele ansehen.*

(W. Köhler: Auszug aus einem Kommentar über die Werke des amerikanischen Anthropologen Carlos Castaneda.)

Ich habe Anfang der 1980er Jahre die Werke des damals umstrittenen, amerikanischen Autors Carlos Castaneda für „bare Münze" genommen und seine Erkenntnisse in einem eigenen kleinen Buch beschrieben. Castaneda berichtete über seine fantastischen Erlebnisse mit dem indianischen Schamanen Juan Matus. Ich hatte guten Grund Castaneda zu glauben, denn er hat stets behauptet, dass er in seinen Büchern nichts als die Wahrheit sagt und nur weil ich ihm vertraut habe, konnten mich seine Aussagen wirklich erreichen und tief inspirieren. Und das wiederum ist ein ganz wesentlicher Grund dafür, dass ich seither nicht nachgelassen habe, mich in den unterschiedlichsten Richtungen und Traditionen menschlicher Wahrheits- und Weisheitslehren umzusehen und mich mit den existentiellen Fragen des Menschseins zu befassen. Dabei ist als Resultat, unter anderem, das herausgekommen, was in diesem Buch beschrieben steht.

Als Leser dieses Buchs steht es Ihnen natürlich ebenfalls völlig frei, meine Aussagen über die Welt und die Wirklichkeit als Märchen, als Denkspiele oder als wahre Gegebenheiten zu betrachten. Meine Haltung dazu kennen Sie. Ich behaupte: All das, was ich geschildert habe, ist wahr! Auch wenn meine Ausführungen nicht alle Tiefen vollständig ausloten und meine Darstellungen hier und da ein wenig vereinfachend sind.

Vielleicht stellen Sie sich, nur zur Probe, einfach einmal vor, ich hätte mit dem, was in diesem Buch geschrieben steht, tatsächlich Recht! Dann würde für Sie folgendes gelten:

• **Sie sind in Ihrem Kern ein unsterbliches, geistiges Wesen (ICH BIN-Bewusstsein).**

• **Sie besitzen eine feinstoffliche Seele als Träger Ihrer Gedanken und Gefühle.**

• Sie besitzen einen biologischen Körper, mit dem Sie sich in der materiellen Welt bewegen.

• Ziel Ihres Daseins ist die Erweiterung Ihres Bewusstseins und die freiwillige Hinwendung und Rückkehr zu Gott.

• Dieser Entwicklungsprozess geschieht durch die Integrationskraft der Liebe. Motor und Maßstab für ein gelungenes Leben ist daher die von Ihnen konkret gelebte Liebe!

• Nach ihrem physischen Tod leben Sie in Ihrem Seelenkörper mit all Ihren Erinnerungen, Gedanken und Gefühlen in der Astralwelt weiter.

• Dort gestalten Sie Ihren eigenen „Himmel" oder Ihre eigene „Hölle", denn all Ihre Erlebnisse in der Astralwelt spiegeln in erster Linie Ihr eigenes Denken und Fühlen wider.

• Nach dem Abklingen der mentalen Energien aus Ihren Gedanken, Wünschen und Begierden, verlassen Sie die astrale Welt wieder und verkörpern sich erneut auf der materiellen Ebene.

• Sie nehmen Ihre bisher erworbenen charakterlichen Merkmale und die Energien Ihrer Vergangenheit (Karma) mit in Ihre neue Inkarnation und setzten Ihre Arbeit an sich selbst, zur Erweiterung Ihres Bewusstseins, fort.

• Gott, Ihr Schöpfer, beobachtet Sie liebevoll auf Ihrem Weg durch Raum und Zeit. Er gab Ihnen einen freien Willen und wartet darauf, dass Sie sich ihm ebenfalls in Liebe zuwenden, damit er Ihnen auf Ihrem beschwerlichen Weg zurück „nach Hause" helfen kann.

Wenn all dies tatsächlich zuträfe:

- Würden sich für Sie daraus Konsequenzen für Ihr gegenwärtiges Leben ergeben?

- Müssten Sie Ihre Einstellungen und Haltungen ändern?

- Müssten Sie Ihre Lebensumstände ändern?

- Müssten Sie irgendetwas an Ihrem Verhalten ändern?

Und wenn der einzig gültige Wertmaßstab die aktiv gelebte Liebe wäre?

- Hätte das Konsequenzen für Ihr gegenwärtiges Leben?

Nur Sie allein können für sich selbst die Antworten auf diese Fragen geben!

• *Menschen, die überzeugt sind, dass die personale Existenz mit dem Tod nicht aufhört, begreifen das Leben in stärkerem Maß als eine Mission, die sie so gut wie möglich zu erfüllen haben, während die Zweifler in beträchtlicher Menge zu der Auffassung neigen, das Leben sei einem gewissermaßen zum eigenen Verbrauch zugefallen und Daseinsfreude zu suchen sei der höchste Sinn. (G. Schmidtchen)*

Ein Orpheus-Projekt (Nachwort)

• *Namhafte Vorgeschichtsforscher sind zu der Annahme gelangt, es habe vor der uns bisher vor Augen liegenden Kulturentwicklung schon Hochkulturen gegeben, deren Menschen auf eine besondere, uns kaum fassliche Weise, nämlich im Wege unmittelbarer Einfühlung und Gewissheit, tiefgehende Kunde vom Aufbau und Zusammenhang des Alls gehabt haben.* (H. J. Störing)

• *Das wahre Wissen ist in der Antike, es ist nicht in der Zukunft.* (Holger Kalweit)

All das, was Sie in diesem Buch als sicheres Wissen über das Diesseits und das Jenseits lesen können, ist der Menschheit nicht erst heute, sondern bereits seit alters her bekannt. Und es handelt sich bei den hier dargestellten Inhalten nur um einen sehr kleinen Teil der umfassenden archaischen Weisheit, die von den Menschen in weit zurückliegender Vorzeit gewonnen werden konnte.

Damals, vor vielen Jahrtausenden und weit vor jeder uns heute bekannten historischen Zeitrechnung, besaßen die Menschen einen stetigen und direkten Zugang zu allen drei Ebenen der Wirklichkeit. Wie diese „goldene Zeit" zu Ende ging und warum sich das Bewusstsein der Menschheit seither in einem stetigen Niedergang befindet, soll hier nicht Gegenstand unserer Betrachtungen sein. Denn Sie ahnen es sicher bereits: Wir müssen dazu sehr weit ausholen und die Geschichte der Menschheit muss völlig neu geschrieben werden!

Soviel jedoch ist gewiss: Mit dem heute vorherrschenden materialistischen Weltbild, das die Wirklichkeit auf die physische Realität reduziert und das die Menschen zu biologischen Maschinen macht, befinden wir uns an einem Tiefpunkt der negativen Entwicklung!

In einer Zeit, in der die Wissenschaft und die Philosophie uns Menschen bescheinigt, dass unsere Existenz mit dem Tod unseres materiellen Körpers endet und das unser Dasein weder ein tieferen Sinn besitzt noch einen höheren Zweck erfüllt, fällt es schwer, sich eine weitere Steigerung destruktiven Denkens vorzustellen. Noch weniger Liebe, noch weniger Leben, noch weniger Licht geht eigentlich nicht!

Darum dieses Orpheus-Projekt!

Du weißt nichts über das Jenseits! Du wirst sie dort nicht finden! – das war meine spontane Reaktion angesichts des Todes. Und diese Reaktion entspricht genau unserem heutigen

Denken. Wir sind unwissend, zumindest aber verunsichert, was das Leben und das Sterben angeht. Sogar dann, wenn wir uns lange und intensiv mit diesen Themen befasst haben, setzt uns der Zeitgeist heimtückisch zu und zersetzt unsere sichere Gewissheit.

Doch wenn ich genau hinsehe und all das betrachte, was ich in den letzten drei Jahrzehnten an Erkenntnissen gewonnen habe und was ich zusätzlich selbst erfahren konnte, dann löst sich die Sorge vollständig auf, denn dann sehe ich: *Ich weiß genug über das Jenseits! Und mit Hilfe meiner Liebe werde ich sie dort ganz sicher finden!*

Ich hoffe, auch für Sie, liebe Leserin, lieber Leser, können die von mir gewonnenen Erkenntnisse bei Ihrer Orientierung, im Diesseits und im Jenseits, ein wenig hilfreich sein. Wenn Sie all das, was in diesem Buch geschrieben steht, für sich selbst überprüfen möchten, stehen Ihnen umfangreiche Quellen zur Verfügung. Damit Ihnen der Einstieg leichter fällt, finden Sie am Schluss dieses Buchs eine recht ausführliche Literaturliste.

Lassen Sie sich einfach von Ihrer Intuition führen! Beginnen Sie mit der Lektüre irgendeines der dort aufgeführten Bücher und sehen Sie, wie Sie dieses Buch dann weiterführt. Ich bin sicher, wenn Sie diesem Weg vertrauensvoll folgen, führt er Sie früher oder später auch zu persönlichen Kontakten mit Menschen, von denen Sie wichtige Anregungen erhalten werden. Und dies wird Ihnen dabei helfen, auch die praktischen Aspekte bei der persönlichen Suche nach der Wahrheit kennen und schätzen zu lernen.

• *Früher oder später wirst Du merken, genau wie ich es tat, dass es etwas anderes ist, den Weg nur zu kennen oder den Weg auch zu gehen.* (aus The Matrix von Andy u. Larry Wachowski)

● *Liebe über Tod – gebiert Einheit!*

(Petra Angelika Peick)

Literaturverzeichnis

Die nachstehende Literaturliste gibt die Veröffentlichungen nach inhaltlichen und sachlichen Zusammenhängen geordnet wieder. Die dabei entstandene Reihenfolge der Werke und Autoren ist willkürlich und beinhaltet keine Wertung. Die Auflistung beansprucht weder Vollständigkeit noch geben die aufgeführten Werke und Autoren in allen Punkten meine Meinung wieder.

Sinn und Zweck des Literaturverzeichnisses ist es, Ihnen einen ersten groben Überblick über vorhandene Werke zu geben und Ihnen so bei Ihrem Einstieg in die vertiefende Beschäftigung mit den Inhalten dieses Buchs behilflich zu sein.

Geist-Seele-Körper / Leben nach dem Tod

Moody,Raymond A.: Leben nach dem Tod - Die Erforschung einer unerklärlichen Erfahrung - Rowohlt Taschenbuch Verlag
Radke, Gertraude: Das Leben nach dem Tod aus der Sicht Emanuel Swedenborgs - Aquamarin Verlag
Wilber, Ken: Mut und Gnade - Die Geschichte einer großen Liebe - das Leben und Sterben der Treya Wilber - Fischer Taschenbuch Verlag
Divyanand, Soami: Das Mysterium von Leben und Tod - Divyanand Verlags-GmbH
Kübler-Ross, Elisabeth: Über den Tod und das Leben danach - Silberschnur Verlag
Kalweit, Holger: Platons Totenbuch - Eros, Seelenenergie und Leben nach dem Leben - Eminent Verlag
Kalweit, Holger: Liebe und Tod - Vom Umgang mit dem Sterben - Koha Verlag GmbH
Kalweit, Holger: Der Stoff aus dem die Seele ist - Meine Suche nach dem Lichtkörper und die Geburt der Plasmapsychologie - Koha Verlag GmbH

Jakoby, Bernard: Wir sterben nie - Was wir heute über das Jenseits wissen können - Rowohlt Taschenbuch Verlag
Hemleben, Johannes: Jenseits Ideen der Menschheit über das Leben nach dem Tode - Urachhaus Verlag
Sogyal Rinponche: Das Tibetische Buch vom Leben und vom Sterben - Ein Schlüssel zum tieferen Verständnis von Leben und Tod - Fischer Taschenbuch Verlag
Steiner, Rudolf: Der Kreislauf des Menschen innerhalb der Sinnes-, Seelen- und Geistwelt - Das Leben nach dem Tode - eine Tatsache der Wirklichkeit - Phil.Anthropol.Verlag
Hagemann, Michael: Strahlendes Licht - Tagebuch einer Reinkarnationsrückführung - BoD Verlag
Peick, Petra Angelika: Wiedergeburt - Eine Reise in frühere Erdenleben - BoD Verlag
Leadbeater, Charles W.: Das Leben nach dem Tode - Verlag Irene Huber

Hinduismus

Bedürftig, Friedemann: Hinduismus - Geschichte und Gegenwart - Honos Verlag
Waterstone, Richard: Indien - Götter und Kosmos, Karma und Erleuchtung, Meditation und Yoga - Taschen Verlag
Stutley, Margaret: Was ist Hinduismus? - Eine Einführung in die große Weltreligion - O.W. Barth Verlag
Schreiner, Peter: Der Hinduismus - Im Mondschein öffnet sich der Lotus - Patmos Verlag
Stutley, Margaret: Hinduismus - Eine Einführung in die große Weltreligion - Wilhelm Heyne Verlag
Shattuck, Cybelle: Hinduismus - Herder Verlag
Küng, Hans: Christentum und Weltreligionen - Hinduismus - Piper Verlag
Gandhi Mahatma: Was ist Hinduismus? - Insel Verlag

Knappert, Jan: Lexikon der indischen Mythologie - Mythen, Sagen und Legenden von A - Z - Seehamer Verlag

Jansen, Eva Rudy: Die Bildersprache des Hinduismus - Göttinnen und Götter, Erscheinungsformen und Bedeutungen - Verlag Binkey Kok

Kinsley, David: Die indischen Göttinnen - Insel Verlag

Pattanaik, Devdutt: Frauen in indischen Mythen - Die fünf Gesichter der ewigen Weiblichkeit - Arun Verlag

Schumann, Hans Wolfgang: Die großen Götter Indiens - Grundzüge von Hinduismus und Buddhismus - Eugen Diederichs Verlag

Houdsen, Rodger: Geheimes heiliges Indien - Ein Führer zu den Mysterien des Subkontinents - Bastei Verlag

Zimmer, Heinrich: Philosophie und Religion Indiens - Suhrkamp Verlag

Bandyopadhyay, Jayanta: Mystik und Freude - Hinduistische Weisheit und die Freude am Leben - Sphinx Verlag

Tyabji, Raihana: Das Herz einer Gopi - East-West Publications

Schleberger, Eckard: Die indische Götterwelt - Gestalt, Ausdruck und Sinnbild. Ein Handbuch der hinduistischen Ikonographie - Eugen Diederichs Verlag

Abt, Otto: Das Mahabharata - Von Liebe und Macht - Horlemann Verlag

Abt, Otto: Das Ramayana - Botschaft der Hoffnung und Freude - Horlemann Verlag

Östliche Lehre und Philosophie

Glasenapp von, Helmut: Indische Geisteswelt (Band I + II) Glaube, Dichtung und Wissenschaft der Hindus - Emil Vollmer Verlag

Zimmer, Heinrich: Indische Mythen und Symbole - Vishnu, Shiva und das Rad der Wiedergeburten - Eugen Diederichs Verlag

Easwaran, Eknath: Die Upanishaden - Goldmann Arkana

Easwaran, Eknath: Die Essenz der Upanishaden - Was passiert, wenn ich sterbe? - Goldmann Arkana

Chinmoy Sri: Veden, Upanishaden, Bhagavadgita - Die drei Äste am Lebensbaum Indiens - Dietrichs Gelbe Reihe

Zimmer, Heinrich: Der Weg zum Selbst - Lehre und Leben des Shi Ramana Maharshi - Dietrichs Gelbe Reihe

Nayak, Anand: Die innere Welt des Tantra - Eine Einführung Herder Verlag

Wilzbach, Erich: Tripura Rahasya - Die geheime Botschaft der Göttin Tripura - Der Weg der Befreiung nach den Weisheitslehren des Advaita Vedanta - Ansata Verlag

Mylius Klaus: Die Bhagavadgita - Dt. Taschenbuch Verlag

Hawley Jack: Bhagavadgita - Das heilige Buch des Hinduismus - Eine zeitgemäße Version für westliche Leser - Goldmann Arkana

Aurobindo, Sri: Die Bhagavadgita - Herder Verlag

Wilhelm, Richard: I Ging - Das Buch der Wandlungen - Eugen Diederichs Verlag

Yüan-Kuang: I Ging - Das Buch der chinesischen Weissagung - O.W. Barth Verlag

Al Huang, Chunglian: Tai Ji - In der Bewegung zu Harmonie und Lebensfreude finden. - Gräfe u. Unzer Verlag

Swami Prabhupada: Leben kommt von Leben - Die wissenschaftliche Grundlage des Krsna-Bewusstseins - Bhaktivedanta Book Trust

Swami Prabhupada: Bhagavad-Gita wie sie ist - The Bhaktivedanta Book Trust

Swami Prabhupada: Sri Isopanisah - The Bhaktivedanta Book Trust

Swami Prabhupada: Christus, Krischto, Krsna - The Bhaktivedanta Book Trust

Swami Prabhupada: Jenseits von Raum und Zeit - The Bhaktivedanta Book Trust

Swami Prabhupada: Bhakti - Der Wandel im Herzen - The Bhaktivedanta Book Trust

Swami Prabhupada: Die Lehren Sri Caitanyas - The Bhaktivedanta Book Trust

Swami Prabhupada: Krsna - Die Quelle aller Freude, Bd. 1 + 2 - The Bhaktivedanta Book Trust

Swami Prabhupada: Im Angesicht des Todes - The Bhaktivedanta Book Trust

Swami Prabhupada: Die Schönheit des Selbst - The Bhaktivedanta Book Trust

Swami Prabhupada: Die Lehren Königin Kuntis - The Bhaktivedanta Book Trust

Swami Prabhupada: Die Lehren Sri Kapilas - The Bhaktivedanta Book Trust

Swami Prabhupada: Bhakti-Yoga - Der Pfad des spirituellen Lebens - The Bhaktivedanta Book Trust

Swami Prabhupada: Bewusste Freude - The Bhaktivedanta Book Trust

Swami Prabhupada: Der Nektar der Hingabe - The Bhaktivedanta Book Trust

Narayana Maharaja: Begegnung mit der Wirklichkeit - Gaudiya Vedanta Publication

Narayana Maharaja: Mehr als schöne Worte - Gaudiya Vedanta Publication

Rosen, Steven J.: Der verborgene Schatz Indiens - The Bhaktivedanta Book Trust

Satsvarupa Dasa: Die vedische Literatur in ihrem eigenen Licht - The Bhaktivedanta Book Trust

Dharma Pravartaka Acharya: Sanatana Dharma - The Eternal Natural Way - Dharma Sun Media

Kaderli, Francis: Gaurangas Bhakti-Lehre - Die Liebe des Selbst zum höchsten Brahman - BoD-Verlag

Storl, Wolf-Dieter: Wanderung zur Quelle - Geschichten von Shiva und Parvati - Koha-Verlag

Nagel, Stephan: Raja Yoga Meditation - Der edle Pfad der Selbstentfaltung - Humata Verlag Harold S. Blume

Eidlitz, Walther: Der Glaube und die Heiligen Schriften der Inder - Verlag Otto Walter

Eidlitz, Walther: Die Indische Gottesliebe - Verlag Otto Walter

Eidlitz, Walther: Bhakta - Eine Indische Odyssee - Vrindavan Institute for Vaisnava Culture and Studies

Eidlitz, Walther: Der Sinn des Lebens - BoD-Verlag

Philosophische Weltbilder

Risi, Armin: Gott und die Götter - Der multidimensionale Kosmos. Bd.1 - Das Mysterienwissen der vedischen Hochkultur - Govinda-Verlag

Risi, Armin: Unsichtbare Welten - Der multidimensionale Kosmos. Bd.2 - Kosmische Hierarchien und die Bedeutung des menschlichen Lebens - Govinda-Verlag

Risi, Armin: Machtwechsel auf der Erde - Der multidimensionale Kosmos. Bd.3 - Die Pläne der Mächtigen, globale Entscheidungen und die Wendezeit - Wilhelm Heyne Verlag

Risi, Armin / Smith, Tom H.: Das Kosmische Erbe - Einweihung in die Geheimnisse unsere Her- und Zukunft - Govinda-Verlag

Risi, Armin: Licht wirft keinen Schatten - Govinda-Verlag

Risi, Armin: Der radikale Mittelweg - Überwindung von Atheismus und Monotheismus - Kopp-Verlag

Risi, Armin: Ganzheitliche Spiritualität - Der Schlüssel zur neuen Zeit - Govinda-Verlag

Risi, Armin: Einheit im Licht der Ganzheit - Orientierung im Labyrinth von Religion, Erleuchtung und New Age - Govinda-Verlag

Besant, Annie: Uralte Weisheit - Eine Einführung in das theosophische Weltbild - Aquamarin Verlag

Flemming, Beatrice: Das Theosophische Weltbild Bd.1 - Fundamente des Urwissens in alle Zeiten und Ländern - Aquamarin Verlag

Flemming, Beatrice: Das Theosophische Weltbild Bd.2 - Esoterische Wissenschaft, Forschung und Philospohie - Aquamarin Verlag

Flemming, Beatrice: Das Theosophische Weltbild Bd.3 - Religion, Ethik, Kunst - Aquamarin Verlag

Capra, Fritjof: Wendezeit - Bausteine für ein neues Weltbild - Dt. Taschenbuchverlag

Ferguson, Marilyn: Die sanfte Verschwörung - Persönliche und Gesellschaftliche Transformation im Zeitalter des Wassermanns - Knaur Verlag

CharonJean E.: Der Geist der Materie - Ullstein Verlag

Klein, Nicolaus: Das senkrechte Weltbild - Symbolisches Denken in astrologischen Urprinzipien - Wilhelm Heyne Verlag

Klein, Nicolaus: Der wunderbare Kreis - Gedanken zur Evolution auf der Basis des astrologischen Häusersystems - Hugendubel Verlag

Spirituelle Lehren und Lehrer

Divyanand, Soami: Der Weg durch Feuer und Wasser - Divyanand Verlags-GmbH

Ramakrishna: Ein Werkzeug Gottes sein - Gespräche mit seinen Schülern - Beinziger Verlag

Swami Rama: Unter Meistern im Himalaya - Autobiographie - Goldmann Arkana

Anandamayi Ma: Matri Satsang - Band 1 - Erkenne dein Selbst - Mangalam Verlag

Anandamayi Ma: Matri Satsang - Band 2 - Glückseligkeit und Erleuchtung - Mangalam Verlag

Kriyananda: So spricht Yogananda - Worte des großen Yogi über den Weg und das Wesen der Selbstverwirklichung - O.W. Barth Verlag

Yogananda, Paramahamsa: Autobiographie eines Yogi - O.W. Barth Verlag

Hariharannada, Swami: Kriya Yoga - Einführung in den geistigen Weg Sri Yukteswars und Paramahansa Yoganada - Hugendubel Verlag

Yukteshwar, Swami: Die Heilige Wissenschaft - O.W. Barth Verlag

Amritanadamayi, Mata: Gespräche mit Amma - Die Lehren der Heiligen Mutter - Ansata Verlag

Bess, Savitri L.: Der Weg der Mutter - Arbor Verlag

Cornell, Judith: Amma - Das Leben umarmen - Theseus Verlag

Adilakshmi: Die Mutter (Mutter Meera) - Ihr Leben und Ihre Erfahrungen - Adilakshmi Verlag

Mutter Meera: Antworten Teil 1 + 2 - Adilakshmi Verlag

Aurobindo, Sri: Die Mutter - Patmos Verlag

Wilzbach, Erich: Ramana Maharshi - Gespräche des Weisen vom Berge Arunachala - Ansata Verlag

Godman, David: Ramana Maharshi - Sei, was du bist! - O.W. Barth Verlag

Cornelssen, Lucy: Sri Ramana Maharshi - Die Suche nach dem Selbst - Ansata Verlag

Lord Mikaal, Die Winde der Wahrheit Bd. I+II - Ernst Wunder Verlag

ABD-RU-SHIN: Im Lichte der Wahrheit - Gralsbotschaft Bd. I-III - Verlag Stiftung Gralsbotschaft

Krishnamurti, Jiddu: Leben! - Fischer Taschenbuch Verlag

Krishnamurti, Jiddu: Jenseits der Gewalt - Fischer Taschenbuch Verlag

Rajagopal, D.: Jiddu Krishnamurti - Antworten auf die Fragen des Lebens - Hermann Bauer Verlag

Lutens, Mary: Krishnamurti - Die Biographie - Aquamarin Verlag

Shree Rajneesh, Das Buch der Geheimnisse - Wilhelm Heyne Verlag
St. Germain: Die 33 Reden der ICH-BIN-Lehre Bd.I (Rede 1-15) + Bd.2 (Rede 15-33) Saint Germain Verlag
Tetzlaff, Irene: Der Graf von St. Germain - Licht in der Finsternis - J.Ch.Mellinger Verlag
Creme, Benjamin: Maitreya, Christus und die Meister der Weisheit - Edition Tetraeder

Erfahrungsberichte

Bruder Amo: Mitteilungen eines Eremiten - Geheimnisse aus einer Schule der Meister im Hoch-Himalaya - Mangalam Verlag
Rampuri Baba: Unterwegs zu den Wurzeln yogischen Wissens - Sphinx Verlag
Tacke, Annelie: Eremitin im Himalaya - Die Geschichte der Rose Schmitt alias Uma Shankarananda - Herder Verlag
Cooke de Herrera, Nancy: Die Weisen - Meine Begegnungen mit den Meistern Indiens - Aquamarin Verlag
Harvey, Andrew: Der Pfad ins Herz - Eine spirituelle Reise - Rowohlt Taschenbuch Verlag
Spalding, Baird: Leben und Lehren der Meister im Fernen Osten - Bd. 1-3, Bericht eines Eingeweihten über das Wunder-Wirken des Avatars - Drei Eichen Verlag
Spalding, Baird: Leben und Lehren der Meister im Fernen Osten - Bd. 4, Unterweisungen, Indische Reisebriefe - Drei Eichen Verlag
Spalding, Baird: Leben und Lehren der Meister im Fernen Osten - Bd. 4+5, Unterweisungen, Indische Reisebriefe, Menschen, die mit den Meistern gingen - Drei Eichen Verlag
Paramatmananda, Swami: Auf dem Weg zur Freiheit Bd. 1 + 2 - Mata Amritanandamayi Mission Trust

Bahiji: Anandamayi Ma - Wie sie sich mir offenbarte -
Mangalam Verlag
Mukerji, Bithika: Matri Lila - Shri Anandamayi Ma - Ihr
Leben - Ihre Lehre - Mangalam Verlag
Ram Alexander: Der Weg der Göttlichen Mutter - 40
Jahre in Indien mit Anadamayi Ma - Pomaska-Brand
Verlag
Maschmann, Melita: Eine ganz gewöhnliche Heilige -
Indienfahrt mit der bedeutendsten Hindu-Heiligen der
Neuzeit - Knaur Verlag
Tweedie, Irina: Der Weg durchs Feuer - Tagebuch
einer spirituellen Schulung durch einen Sufi-Meister -
Ansata Verlag
Brunton, Paul: Von Yogis, Magiern und Fakiren - Be-
gegnungen in Indien - Knaur Verlag

Praxis/Yoga/Mediation

Peick, Petra Angelika: Der Weg zum Inneren Wissen -
Anleitung und Übungen zur Selbstverwirklichung - Sil-
berschnur Verlag
Trine, Ralph Waldo: In Harmonie mit dem Unendlichen
- Verlag J. Engelhorn
Bardon, Franz: Der Weg zum wahren Adepten - Ein
Lehrgang in zehn Stufen Theorie und Praxis - Hermann
Bauer Verlag
Carrington, Patricia: Das große Buch der Meditation,
O.W. Barth Verlag
Levey, Joel: Die Kunst der Entspannung, Konzentration
und Meditation - Hugendubel Verlag
Rieker, Hans-Ulrich: Meditation Übungen zur Selbst-
gestaltung - Rascher Verlag
Davis, Roy Eugen: Die Macht der Seele - Erlebte Wirk-
lichkeit - Baum Verlag
Bäumer Bettina: Patanjali - Die Wurzeln des Yoga -
Die Yoga Sutren des Patanjali - O.W. Barth Verlag

Krishna, Gopi: Kundalini - Erweckung der geistigen Kraft in Menschen - O.W. Barth Verlag
Pandit M. P.: Kundalini Yoga - Mit ausführlichen Erläuterungen der Chakras - Drei Eichen Verlag
Dürckheim, Karlfried: Der Alltag als Übung - Verlag Hans Huber
Weinfurter, Karl: Der Königsweg - Der goldene Pfad der praktischen Mystik - Hermann Bauer Verlag
Lütge, Lothar-Rüdiger: Kundalini - Die Erweckung der Lebenskraft - Theorie und Praxis des Kundalini Yoga - BoD Verlag

Religion/Philosophie/Spiritualität

Huxley, Aldous: Die ewige Philosophie - Philosophia perennis - Hans-Nietsch-Verlag
Cavendish, Richard: Mythologie - Eine illustrierte Weltgeschichte des mythisch-religiösen Denkens - Komet Verlag
Störig, Hans Joachim: Kleine Weltgeschichte der Philosophie Bd.1+2 - Fischer Taschenbuch Verlag
Parrinder, Geoffrey: Die Religionen der Welt - Ebeling Verlag
Raphael: Initiation in die Philosophie Platons - Die Lehre der Nicht-Dualität durch Sankara und die westliche Philosophie Platons - Verlag Alf Lüchow
Hübscher, Arthur: Platon - Phaidon oder über die Unsterblichkeit der Seele - Piper Verlag
Kalweit, Holger: Meine Suche nach dem zeitlosen Augenblick - Eminent Verlag
Kierkegaard, Sören: Der Begriff der Angst - Felix Meiner Verlag
Leibnitz G.W.: Fünf Schriften zur Logik der Metaphysik - Philipp Reclam
Aster von, Ernst: Geschichte der Philosophie - Alfred Kröner Verlag

Ayer, A.J.: Die Hauptfragen der Philosophie - Piper Verlag

Schoppenhauer, Arthur: Vom Wesen der Welt - Aufzeichnungen ausgewählt und eingeleitet von Arthur Hübscher - Piper Verlag

Duerr, Hans Peter: Traumzeit - Über die Grenzen zwischen Wildnis und Zivilisation - Syndikat Verlag

Fromm, Erich: Haben oder Sein - Die seelischen Grundlagen einer neuen Gesellschaft - Dt. Taschenbuch Verlag

Fromm, Erich: Psychoanalyse und Religion - Goldmann Verlag

Fromm, Erich: Die Kunst des Liebens - Ullstein Verlag

Dürckheim, Karlfried: Vom doppelten Ursprung des Menschen - Herder Verlag

Wilber, Ken: Wege zum Selbst - Östliche und westliche Ansätze zu persönlichem Wachstum - Goldmann Verlag

Quint, Josef: Meister Eckhart - Deutsche Predigten und Traktate - Diogenes Verlag

Schmidt, K.O.: Meister Eckeharts Weg zum kosmischen Bewusstsein - Drei Eichen Verlag

Detlefsen, Thorwald: Schicksal als Chance - Das Urwissen zur Vollkommenheit des Menschen - Goldmann Verlag

Detlefsen, Thorwald: Gut und Böse - Esoterische Texte - Goldmann Verlag

Detlefsen, Thorwald: Ödipus der Rätsellöser - Der Mensch zwischen Schuld und Erlösung - C. Bertelsmann Verlag

Detlefsen, Thorwald: Krankheit als Weg - Deutung und Bedeutung der Krankheitsbilder - C. Bertelsmann Verlag

Dahlke, Ruediger: Krankheit als Symbol - Handbuch der Psychosomatik - C. Bertelsmann Verlag

Schwerin, Hans Edo: Kybalion - Eine Studie über die hermetische Philosophie des alten Ägyptens und Griechenlands - Akasha Verlag

Papus: Die Kabbala - Ansata Verlag
Papus: Die Grundlagen der okkulten Wissenschaft - Ansata Verlag
Vay, Chatharina: Geist, Kraft, Stoff - DöringDruck

Theosophie

Blavatzky, H.P.: Isis entschleiert Bd.1 Wissenschaft - Ein Meisterschlüssel zu den Geheimnissen alter und neuer Wissenschaft und Theologie - J.J.Couvreur Verlag
Blavatzky, H.P.: Isis entschleiert Bd.2 Theologie - Ein Meisterschlüssel zu den Geheimnissen alter und neuer Wissenschaft und Theologie - J.J.Couvreur Verlag
Blavatzky, H.P.: Die Geheimlehre Bd.1 Kosmogenesis - Kosmoische Evolution - J.J.Couvreur Verlag
Blavatzky, H.P.: Die Geheimlehre Bd.2 Anthropogenesis - Zwölf Strophen aus dem Buche des Dzyan - J.J.Couvreur Verlag
Blavatzky, H.P.: Die Geheimlehre Bd.3 Esoterik - J.J.Couvreur Verlag
Blavatzky, H.P.: Die Geheimlehre Bd.4 Index - J.J.Couvreur Verlag
Blavatzky, H.P.: Die Stimme der Stille - Verlag Esoterische Philosophie
Blavatzky, H.P.: Der Schlüssel zur Theosophie - Adyar Theosophische Verlagsgesellschaft
Cranston, Silvia: Helena Blavatzky - Begründerin der modernen Theosophie - Aquamarin Verlag
Wehr, Gerhard: Helena Petrovna Blawatzky - Eine moderne Sphinx - Pforte Verlag
Botheroyd, Sylvia: Helena P. Blavatsky- Eine Einführung in ihr Leben und Werk - Aquamarin Verlag
Besant, Annie: Eine Studie über das Bewusstsein - Aquamarin Verlag
Leadbeater, Charles W.: Die Astralwelt - Das Leben im Jenseits - Aquamarin Verlag

Leadbeater, Charles W.: Das Höhere Selbst - Aquamarin Verlag
Leadbeater, Charles W.: Das Leben in der geistigen Welt - Aquamarin Verlag
Leadbeater, Charles W.: Unsere unsichtbaren Helfer u. Heilkräfte und Heilende Engel - Verlag Irene Huber
Michel, Peter: Charles W. Leadbeater - Mit den Augen des Geistes - Die Biographie eines großen Eingeweihten - Aquamarin Verlag
Michel, Peter: Karma und Gnade - Über die Versöhnung von Gerechtigkeit und Liebe - Aquamarin Verlag
Michel, Peter: Die Botschafter des Lichts Bd.1 + 2 - Aquamarin Verlag
Dasgupta, S.N.: Indische Mystik - Adyar Theosophische Verlagsgesellschaft

Buddhismus

Govinda, Anagarika: Der Weg der weißen Wolken - Erlebnisse eines buddhistischen Pilgers in Tibet - Fischer Taschenbuch Verlag
Govinda, Anagarika: Grundlagen tibetischer Mystik - Die geheime Lehre des Großen Mantras - O.W. Barth Verlag
Lauf, Detlef Ingo: Das Erbe Tibets - Wesen und Deutung der buddhistischen Kunst von Tibet - Kümmerly & Fry Verlag
Gundert, Wilhelm: Bi Yän Lu - Niederschrift von der smaragdenen Felswand Bd. I-III - Carl Hanser Verlag
Reps, Paul: Ohne Worte - ohne Schweigen - O.W. Barth Verlag
Glasenapp von,Helmuth: Reden des Buddha - Philipp Reclam
Zimmer, Heinrich: Yoga und Buddhismus - Indische Sphären - Insel Verlag
Fremantle, Francesca: Das Totenbuch der Tibeter - Eugen Diederichs Verlag

Castaneda / Wissen der Tolteken

Castaneda, Carlos: Die Lehren des Don Juan - Ein Yaki-Weg des Wissens - Fischer Taschenbuch Verlag
Castaneda, Carlos: Eine andere Wirklichkeit - Neue Gespräche mit Don Juan - Fischer Taschenbuch Verlag
Castaneda, Carlos: Reise nach Ixtlan - Die Lehre des Don Juan - Fischer Taschenbuch Verlag
Castaneda, Carlos: Der Ring der Kraft - Don Juan in den Städten - Fischer Taschenbuch Verlag
Castaneda, Carlos: Der zweite Ring der Kraft - Fischer Taschenbuch Verlag
Castaneda, Carlos: Die Kunst des Pirschens - Fischer Taschenbuch Verlag
Castaneda, Carlos: Die Kunst des Träumens - Fischer Taschenbuch Verlag
Castaneda, Carlos: Das Feuer von Innen - Fischer Taschenbuch Verlag
Castaneda, Carlos: Die Kraft der Stille - Neue Lehren des Don Juan - Fischer Taschenbuch Verlag
Castaneda, Carlos: Das Wirken der Unendlichkeit - S. Fischer Verlag
Castaneda, Carlos: Das Rad der Zeit - Das Vermächtnis des Don Juan - Fischer Taschenbuch Verlag
Ulrich, Hans E.: Von Meister Eckardt bis Carlos Castaneda - Reise durch eine andere Wirklichkeit - Fischer Taschenbuch Verlag
Timm, Dennis: Die Wirklichkeit und der Wissende - Studien über Carlos Castaneda - Fischer Taschenbuch Verlag
Claßen, Norbert: Das Wissen der Tolteken - Carlos Castaneda und die Philosophie des Don Juan - Fischer Taschenbuch Verlag
Lütge, Lothar-Rüdiger: Carlos Castaneda und die Lehren des Don Juan - Hermann Bauer Verlag
Müller, Werner: Indianische Welterfahrung - Ullstein Taschenbuch Verlag